KB270422

아기를 천재로 만드는 영아부 예배

아기를 천재로 만드는 영아부 예배

1판 1쇄 인쇄일 · 2018년 5월 25일
1판 2쇄 발행일 · 2023년 9월 20일

지은이 | 이영희
발행인 | 이영희
발행처 | 카도쉬북
그림 | Npine
출판등록 | 경기도 광명시 도덕공원로 49 (철산동 289)
전화 | 070-7629-1663, 010-5222-6743
홈페이지 | www.holyi.com
E-mail | holyhi@hanmail.net

■ 잘못 만들어진 책은 교환해 드립니다.

영아부, 부모입니까? 아기사랑 육아법

아기를 천재로 만드는 영아부 예배

이영희 지음

카도쉬북

21세기 세상에서 가장 경쟁력 있는 인간의 특질이 무엇일까요?

창조성입니다. 창조성이란 다른 사람과 얼마나 다르며 특이한가에 있습니다. 우리가 사는 세상이 빠르게 변하고 달라지는 것도 순전히 창의적인 사람들 때문입니다.

여러분은 태어날 때 스마트폰이 있었나요? 버스나 기차를 타면 표를 받던 직원들은 다 어디로 사라졌지요? 이제 곧 운전기사도 사라질 것입니다. 이것이 다 창조적인 사람들 때문에 생기는 일들입니다. 마차가 시속 6km로 달리던 시대에 시속100km에 도전하는 사람들이 있었고 공기 저항을 최대한 줄이려는 도전자들에 의해 시속 6백km가 눈앞에 다가왔습니다. 이제 자기부상 열차로 시속1천km가 가능한 시대가 오고 있으니 머잖아 우리는 빛의 속도에 편승해서 살게 되겠지요.

이러한 세상에서 "아이를 천재로 만드는 영아부 예배"라는 책을 펴내게 되었습니다. 이 책의 타이틀에서 예상되는 부모님들의 반응은 아마도 두 가지로 나뉠 것 같습니다. 열정적 호기심이거나 또는 "우리 아이는 평범하게 기르고 싶어요"라는 덤덤한 반응이 예상됩니다. 사실 평범한 인간이란 존재하지 않습니다. 인간은 모두 어느 면으로든지 나름의 천재성을 지니고 태어납니다. 무한한 가능성을 가진 존재가 인간입니다. 두뇌를 IQ라는 인지 지능에만 국한시켜온 시대에서 다중지능 이론을 낸 가드너(Howard Gardner) 박사는 신체, 공간지각, 미술, 음악, 문학, 자기 성찰, 물리, 언어영역으로 지능을 세분화 했습니다. 중요한 것은 어떤 가치를 지닌 창조자가 세상을 지배하느냐는 것이지요. 그래서 이 책이 필요합니다.

창조성이 탁월한 사람을 우리는 천재라고 말합니다. 천재(天才)란 하늘이 준 능력입니다. 자녀가 부모를 닮듯이 하나님의 형상으로 창조된 인간이 창조주의 본성을 닮는 것은 당연합니다. 이 책이 말하는 천재란 인간이 보유하고 있는 하나님의 탁월함입니다.

이 책은 총 3권으로 되어 있습니다. 1권은 왜 영아부 예배가 아기를 천재로 만드는지에 대한 설명과 실제적인 요소들이고

2권은 천재성을 발달시키는 영아부의 교육방법입니다. 3권은 영아부 사역자들을 위해서 입니다. 교사와 부모는 이 세 권의 책을 꼭 읽으십시오. 이 책은 부모 뿐 아니라 영아부의 전문성을 열망하시거나 교회 성장에 있어서 영아부의 중요성을 인식하면서도 실제적으로는 망설이는 분, 이 분야에 막연한 지적 호기심을 갖고 있거나 전혀 무관심한 목회자들의 인식을 일깨우고자 했습니다. 제가 일전에 지은 '영아부 삼위일체 육아법'은 이 책의 원서라고 할 수 있습니다. 제가 설립한 영아부 전문교육원에 오셔서 배우시기 바랍니다.

이 책으로 가르치고 배우실 영아부 목회자와 부모님, 그리고 아기들에게 주께서 주시는 위로와 은혜가 한층 더하시기를 바라겠습니다.

"아기가 자라며 강하여지고 지혜가 충만하며 하나님의 은혜가 그 위에 있더라"(눅 2:40)

2018. 5.

이 영 희

영아부 주제가

이영희곡
이영희요
ＯＯ교회영아부 누가세웠나 하나 님이 세우 셨어 요
우 리 하 나 님 보 시 기 에 참 좋 으 셔 요
생 육 하고번성 하 자 영아부실꽉 차 게
우 리 하 나 님 복 을주 시 니 영아부 부흥합니 다 아멘!!

순서

1. 이 책은 총 5장, 40주제로 되어있습니다. 아기를 재운 후에 매일 한 편씩을 읽으면 40일에 마칩니다.
2. 밴드에 들어오셔서 양육의 소감과 의견을 나누십시오.
3. 이 책을 가정에서 공부하시고 주일에는 교회에 갖고 오십시오. 담당교사에게 스티커를 받아서 '읽기 확인란'에 붙이십시오.
4. 성실하게 공부한 부모님에게는 교회가 상을 주십시오.
5. 이 책을 이웃에 선물하면 많은 유익이 될 것입니다.
6. 현명한 아이 만들기 프로젝트와 100원 동전 10만개 모금 프로젝트, 아이를 천재로 만드는 프로젝트 Ten에 참여하시기 바랍니다. 아이의 미래가 밝아집니다.
7. 각주제마다 분석과 통찰을 요구하는 질문과 실천항목을 '스케치'로 묘사했습니다. '스케치 북'은 보충학습을 의미합니다.

이 책을 읽기 시작한 날짜를 기록하십시오

년   월   일

이 책을 마친 날짜를 기록 하십시오

년   월   일

아래의 읽기 체크란에 색칠하거나 스티커를 붙이십시오.

finish

36	37	38	39	40!
35	34	33	32	31
26	27	28	29	30
25	24	23	22	21
16	17	18	19	20
15	14	13	12	11
6	7	8	9	10
5	4	3	2	1

카운트 다운 시작하기 start ↑

1장

현명한 부모의 아기 사랑법

영아들은 배움에 대해 얼마만큼의 가능성을 가지고 있을까요?

영아들의 배움의 가능성은 1차적으로 부모에게 달려 있습니다. 부모가 성장하는 만큼 아기도 성장합니다. 현명한 부모는 자기 아이를 어떻게 사랑하는 것이 진짜 사랑인지를 압니다. 그들은 아이의 내면을 튼튼하게 하는 원리와 원칙을 알아서 아이의 미래를 부요하게 하고, 놀라운 잠재능력을 발전시켜서 하나님과 인류를 위해 공헌하도록 이끌어줍니다.

"어미가 어떠하면 딸도 그렇다 하리라"(겔 16:44)

1. 부모입니까?

영아부 부모들은 결혼하자마자 한꺼번에 몰아닥친 삶의 무게로 버거운 시간을 보냅니다. 낯설기 만한 살림살이, 부부생활, 아직은 서먹한 양가 부모님과 친척들 간의 긴장감, 주택, 양육, 직장 일까지. 육아 기관에 아이를 맡기는 것이 아이에게 최선의 방법이 아니라는 것을 알면서도 어쩔 수 없이 이 방법을 선택하고 자신의 일을 합니다. 그러면서 간혹 어떤 어머니는"내가 왜, 아이를 위해 희생해야 하지요? 내 소중한 시간을 아이에게 줘야 합니까?"라는 갈등을 합니다. 현명한 부모는 자기 기업에 자신의 시간을 전력 투자합니다. 자기의 전부를 걸지요. 자녀는 여호와의 주식회사가 준 기업이요, 상급(reward)입니다. 그러니 여러 명의 기업을 가진 부모야말로 횡재(?)를 한 셈입니다. 여기에 여러분의 인생을 걸 생각은 없으십니까?

"보라 자식들은 여호와의 기업(heritage)이요 태의 열매는 그의 상급(reward)이로다"(시 127:3)

그러자면 아브라함에게서 부모 됨을 배워야 합니다. 오늘날의 교육이 인본주의로 대표되는 서구의 교육 철학과 신본주의를 표방하는 기독교 철학으로 양분되어 있는 시대에서 아버지의 대명사로 불리는 아브라함(=열국의 아버지)을 보면 신본주의 부모 교육이란 무엇인지를 알 수 있습니다. 그 목적을 잘 정리해 주기 때문입니다.

"내가 아브라함을 선택한 것은 그가 자식들과 자손을 잘 가르쳐서, 나에게 순종하게 하고, 옳고 바른 일(right and just)을 하도록 가르치라는 뜻에서 한 것이다."(창 18:19 요약 새번역)

성경 속의 부모는 자녀에게 선행과 주의 율례와 법도로 가르치고 하나님의 주권 아래서 자라도록 하는 사명을 따랐습니다.

♥ 스케치(sketch)

1) 당신은 세상에 존재하는 목적이 무엇입니까?
2) 당신의 아기가 세상에 나오므로 세상이 어떻게 달라지기를 바라십니까?

2. 현명한 아이 만들기 프로젝트

아이를 야단치는 현명한 부모가 됩시다!

아이는 자신이 현명한지 어리석은지를 모릅니다. 어디까지가 현명한 행동이고 어떤 것이 미련한 행동인지 그 한계를 모릅니다. 격려를 받으면 자존감도 높아지고 실수에도 크게 좌절하지 않지만 꾸지람 없이 칭찬만 해주며 키울 만큼 아이들은 수월한 존재가 아닙니다.

텔루스킨(J.Telushkin)이라는 랍비는, 부모가 꾸짖을 적마다 아이는 성장한다는 말을 합니다.

"아이의 마음에는 미련한 것이 얽혔으나 징계하는 채찍이 이를 멀리 쫓아내리라."(잠 22:15)

아이를 꾸짖되 첫째는 자존심을 상하게 하지 않도록 해야 합니다. 친척이나 가족 앞에서 아이의 실수나 결점을 나무래서 수치심을 주지 마십시오. 둘째는, 화를 내지 않고 혼내야 합니다. 화가 난 상태에서는 아무도 가르칠 수 없습니다. 예를 들어서 아이들은 시간개념이 없습니다. 기차시간을 놓치면 어떤 일이 일어나는지, 예배 시간에 왜 자기가 조용히 해야

하는지를 모릅니다. 이러한 아이들에게 차근차근 가르치지 않고 화부터 내는 것은 무의미합니다. 아이의 뇌를 망가뜨리는 것입니다. 셋째는, 꾸짖고 난 후에는 사랑으로 격려해 주셔야 합니다.

여러분의 결심을 적으십시오.

이 책을 공부하는 동안 저는 아이를 혼내되

하지 않도록 하겠습니다.

3. 100원 동전 10만개 모금 프로젝트

부모가 심으면 자녀는 거둔다는 이 법칙은 우주의 질서만큼 절대적입니다.

"너는 네 식물을 물 위에 던지라 여러 날 후에 도로 찾으리라"(전 11:1)

"가난한 자를 불쌍히 여기는 것은 여호와께 꾸어 드리는 것이니 그의 선행을 그에게 갚아 주시리라"(잠 19:17)

'돈 버리기'는 아이의 미래 예측능력을 발달시키는 중요한 훈련입니다. 영아부는 아이의 미래를 부요하게 만드는 100원 동전 10만개 모으기를 하십시오. 부모님들은 가정에 구제통을 두고 아이가 통에 동전을 넣게 하십시오. 부모가 자녀에게 가르쳐야할 의무는 선행입니다(창 18:19, 잠 31:20.신 15:7,신 15:8 참고). 부모의 목적은 구원에 들어온 자녀에게 선한 일을 열심히 하는 하나님의 온전한 사람을 길러내는 것입니다(딛 2:14).

1) 언제부터 언제까지라는 기간을 정해주십시오.

2) 분명한 목적을 제시해야 합니다. 예를 들면 도서관 짓기, 미혼모, 탈북자녀, 다문화 가정 돕기 등.

3) 화를 한번 낼 적마다 과태료(?)로 뭉칫돈을 통에 넣으십시오. 동전이 통에 모이면 영아부에 가지고 오셔서 큰 통에 쏟아 부으십시오.

4) 영아부 담당자는 동전 몇 개가 모였는지를 틈틈이 발표해 주십시오.

5) 동전 10만개가 모이면 정해둔 기관에 보내십시오.

"공부하기 전에, 밥을 먹기 전에, 예배드리기 전에, 가난한 형제를 위해서 동전 한 입을 통에 넣는 선행은 좋은 일이에요!" 라고 외치십시오. 선행은 두뇌 세포의 시냅스 활동을 활발하게 합니다. 좋은 성적표를 받을 때보다 착한 일을 했을 때 더 많이 칭찬해 주십시오. 우리 두뇌는 착한 일을 좋아합니다.

4. 아이를 천재로 만드는 예배 프로젝트 Ten

이 프로젝트는 2~5장 전반에 펼쳐있는 내용을 요약한 것입니다. 자세하고 세밀한 내용은 2~5장에 있습니다.

이 책을 손에 들고 기차 여행을 떠난다는 상상을 해 봅시다. 예배 프로잭트 10은 급행열차입니다. 짧은 여행을 마치고 얼른 2~5장의 완행열차로 갈아타십시오. 마치, 마차를 타고 한적한 호수곁 오솔길을 여행한다는 기분으로 말입니다. 틈틈이 창밖에 펼쳐지는 아름다운 바깥 풍경을 스케치해 보십시오. 저는 종점 플랫 홈(에필로그)에서 여러분을 기다리겠습니다. 거기서 여러분을 맞이하겠습니다. 이 열차의 이름은 '천재' 입니다.

아기를 천재로 만드는 10개의 보물

프로젝트 1. 존경

프로젝트 2. 기독교 신앙

프로젝트 3. 감사기도와 축복

프로젝트 4. 춤, 노래, 악기

프로젝트 5. 손끝, 연필, 악보책

프로젝트 6. 향기

프로젝트 7. 복습과 왜?

프로젝트 8. 설교듣기

프로젝트 9. 1:1 개인레슨

프로젝트 10. 격려

영아부 예배는 아기의 영혼구원과 양육은 물론, 신체, 공간지각, 미술, 음악, 문학, 자기 성찰, 물리, 언어의 총체적인 학습입니다. 가드너(Howard Gardner) 박사의 '다중지능'에 '은혜'라는 하늘의 재능이 더해지는 것이 영아부 예배입니다. 그러니 예배에만 열심히 참석해도 아기는 천재가 됩니다!

아이를 천재로 만드는 예배 프로젝트 1

존경

아기들은 왜, 정신없이 뛰어 다닐까요? 천재니까요. 아기가 있는 집은 치워도 금세 어지럽혀지고 늘 시끌벅적합니다. 그들은 잠시도 쉴 세 없이 기어오르고, 던지고, 만지고, 늘어놓지요. 이 원인은 아마 여러 가지가 있을 텐데 성경에서도 찾을 수 있습니다.

"내 이름을 경외하는 너희에게는 공의로운 해가 떠올라서 치료하는 광선을 비추리니 너희가 나가서 외양간에서 나온 송아지 같이 뛰리라"(말 4:2)

종일 뛰고도 지치지 않는 폭발적 에너지는 '여호와의 광선' 때문입니다. 그런데 "나가서 외양간에서 나온"이라는 구절에 주목하십시오. 외양간 안에서 뛰는 것이 아니라 '나가서' 뜁니다. 앉을자리, 설자리를 모르는 세상아이들은 안에서나 밖에서나 그저 고삐 풀린 망아지처럼 천방지축으로 뜁니다. 하지만 여호와의 빛을 쐬는 아이들은 앉고 일어섬(시 139:2)을 압니다. 창조주의 형상을 전사하여 그대로 반사시킵니다.

영아부에는 치유의 강한 에너지가 넘쳐흐릅니다. 아기들이 뿜어내는 생명력 때문입니다. 지혜의 근본이신 하나님을 존경(경외)하면 지혜가 충만해질 것이 당연합니다(잠 1:7, 9:2). 하나님을 경외하듯이 교사와 어른을 존경하는 존경심이 아이의 학습능력을 높여줍니다.

아이를 천재로 만드는 첫 번째 보물은 여호와 '존경(경외)'입니다

♥ 스케치(sketch)

1) 영아부에 오면 면역력이 높아진다는 사실을 아십니까?
2) 예배 시간에 아기들을 송아지처럼 날 뛰게 둘 수는 없습니다. 하나님께 대한 예의와 존경의 자세로 예배합니까? 한 살부터는 앉을자리, 설자리를 구분하는 자제심 훈련을 하나요?
3) 주일은 창조주와 구세주 경외의 날입니다. 치료의 광선이 쏟아지는 이 시간을 지각하거나 매번 놓치십니까?
4) 연필을 쥔 아이의 손을 잡고 "존경", "경외"의 단어를 "네 번 쓰기"를 하십시오(4세).

아이를 천재로 만드는 예배 프로젝트 2
기독교신앙

사람들은 보이지 않는 것을 절대로 두려워하지 않습니다. 보는 것만 믿으려고 합니다. 그러나 성경이 끊임없이 명령하는 것은 보이지 않는 "주 하나님을 두려워(경외)하라"고 가르칩니다. 보이지 않는 것을 볼 줄 아는 믿음은 우뇌발달에도 크게 도움이 됩니다. 하나님이 그분 자신을 형상(idol)에 고정시키지 말라고 하셨는데 이것이야말로 창의력의 기초가 되는 상상력에 의존하게 합니다.

미국 NBC 방송의 앵커를 지낸 대니얼 라핀(D.Lapin)은 보이지 않는 하나님을 마치 눈앞에 존재하는 것처럼 믿는 능력이 미래를 보는 능력을 발달시킨다고 말합니다. 사람은 갈망하고 바라보는 방향으로 가게 마련이니까요.

과학 분야에 기여한 인물들의 대부분의 배경이 하나님을 경외하는 환경에서 자란 사람들이라는 점은 조금도 이상한 것이 아닙니다. 기독교의 하나님을 신뢰하고 믿는 신앙이 아이를 현명하게 합니다.

* 미국 컬럼비아 대학교수 해리어트 쥬커만의 연구에 의하면 노벨상 과학분야 수상자 286명 중에 73%가 기독교인이고 노벨상 역대 수상자 855명(2001~2014년)중에 유대교인 22%, 기독교인 64%, 천주교인이 11%라는 통계가 있습니다.

아기를 천재로 만드는 두 번째 보물은 기독교 신앙입니다.

💜 스케치(sketch)

1) 과거에는 보이지 않았는데 과학의 발달로 보이게 된 것들을 손가락으로 세어볼 수 있습니까?

2) 예수님은 어린이의 믿음에 경탄하신 적이 있습니다(마 11:25). 혹시 아이의 타고난 천재성을 망가뜨리고 있지는 않습니까? 짜증 한번 낼 적마다 구제통에 거액의 과태료를 넣고 계십니까?

아이를 천재로 만드는 예배 프로젝트 3
감사기도와 축복

기도의 힘이 물을 깨끗하게 만든다는 사실을 아십니까? 물 분자는 시끄럽고 불협화음으로 구성된 소리에는 기형을 보이는데 기도 소리, 감사, 클래식 음악에는 치유 파동을 만들어낸다고 합니다. 70%가 물로 채워져 있는 우리 몸이 좋은 소리에 민감하게 반응하여 세포와 유전자까지 치료한다는 연구가 이미 에모토 마사루라는 일본학자에 의해서 발표되었습니다. 그렇다면 90%의 수분에 가장 깨끗하고 맑은 피의 물 분자를 지닌 아기들이야말로 기도, 축복과 같은 좋은 소리에 가장 민감하게 반응하여 최고의 치유파동을 만들어낼 것입니다(시 8:2, 마 21:15~17 참고). 아기들의 뇌파 에너지는 엄청난 위력을 발합니다.

"주의 대적으로 말미암아 어린 아이들과 젖먹이들의 입으로 권능을 세우심이여 이는 원수들과 보복자들을 잠잠하게 하려 하심이니이다"(시 8:2)

아기는 모태에서 기도 자세로 9개월 반을 살다가 태어나서 100일이 되면 두 손을 앞으로 모읍니다. 감사의 말을 많이 들려주면 감각 세포들이 건강해 집니다. 물을 마실 때 "참 맛있다"라고 물을 칭찬해도 물 분자가 미네랄 육각수로 변형 되는데 감사의 기도가 몸 안의 혈액을 맑게 하면 뇌에 산소 공급량이 늘어나서 두뇌가 총명해 질것이 당연합니다. 기도란 언어의 제사로서 인간만이 할 수 있는 특권입니다. 자기 자식에게 기도를 가르치지 않는 부모는 강도를 기르는 부모입니다 (마 21:13, 사 56:7 참고).

아기를 천재로 만드는 세 번째 보물은 축복과 감사기도입니다.

♥ 스케치(sketch)

1) 예배드리기 전, 기도하기 전에 아기들의 손을 물수건으로 씻어 주십니까?(뇌를 일깨우는 신호)
2) 잠자기 전과 아침에는 축복을 해 주십시오(말 4:2).
3) 밥 먹을 때 열 번 감사하십시오.

춤, 노래, 악기

아기가 두 손을 모아 손뼉 치며 엉덩이를 들썩이는 순간, 아기의 뇌에서는 어떤 놀라운 일이 벌어질까요? 음악에 따라 몸을 흔드는 경험은 운동중추 신경과 대뇌 발달 뿐 아니라 인지발달의 기초가 되는 협응 능력과 감수성 발달에도 도움이 됩니다.

찬양은 리드미컬한 언어입니다. 언어는 입과 혀, 발성기관을 움직여야 하는데 이들은 고도의 정신 활동을 필요로 하는 감각중추에 해당됩니다. 찬송은 입, 혀, 발성기관, 배, 심폐기능까지 동원해야 하는 아주 복잡한 신체 활동입니다. 또한 찬송은 그 자체로 영적 능력을 증진시키는 중요한 도구입니다 (시 68:4).

악기는 진동수에 따라서 소리가 다릅니다. 다르게 나는 소리를 듣고 구별하는 능력이 청각 발달에 영향을 주며 이것이 대뇌 발달로 연결됩니다. 이 요소들은 '힘을 다해' 하나님을 사랑하는 예배의 방법이기도 합니다.

물고기를 위해서 양어장을 만들고, 과일나무를 위해서 과수원을 만드는 것처럼 아기들을 위해서는 영아부가 세워져야 합니다.

아기를 천재로 만드는 네 번째 보물은 춤,노래, 악기연주입니다.

1) 스카프, 배너, 깃발을 흔들며 춤과 노래와 악기연주, 이 셋을 통합해서 하나요?
2) 아기를 영아부 찬양단에 가입시켰습니까?
3) 절대음감의 클래식 음악을 들려주십시오. 찬송가를 가르쳐 주십니까?
4) 노래 말은 가치 있는 것입니까?
5) 몸놀림이 대 근육을 발달시킨다면 손 유희는 소 근육을 발달시킵니다. 이 둘을 균형 있게 가르칩니까? 삼위일체 육아법 책 254~258쪽에 '손유희 시리즈' 가 있습니다.

손끝, 연필, 악보책

손가락의 끝부분에는 두뇌를 움직이는 감각들이 모여 있습니다. 그래서 이곳을 손톱이 보호하고 있습니다. 나무와 심이 있는 연필은 자연의 기(氣)를 모아줍니다.

글을 모르는 아이에게도 책을 주듯이 4세가 되면 악보 책을 주십시오.

기독교 교육학자 아이리스 컬리(I.Cully)는 "4세 이상 된 어린이에게는 악보집을 주어 악보를 보며 노래할 수 있도록 해야 한다"고 했습니다. 악보의 도형(이미지)을 눈으로 보며 음을 익히면 음정에 대한 감각 뿐 아니라 창의력이 발달합니다.

두뇌에는 운동중추 신경과 눈, 코, 귀, 혀 등을 관장하는 감각중추 신경이 있습니다. 손가락 특히 손끝은 대뇌피질의 시청감각 영역과 밀접한 관계가 있습니다. 리드미컬한 언어와 소리의 반복, 손가락 오물거림은 감각이 미분화 된 아기의 감각, 지각, 인식을 통합시켜 주는 중요한 교육적 요소입니다.

손과 뇌는 밀접한 관계를 갖고 있습니다. 아기들이 쉬지 않고 꼼지락거리는 이유는 손과 손가락 훈련이 시각이나 청각과 같은 대뇌 활동과 기능을 개척하기 위해서입니다. 단순해 보이는 손 유희가 실은 춤보다도 정교한 고도의 학습입니다. 헬런 켈러는 오직 손끝의 감각 하나로 세상을 다스렸습니다. 글을 읽을 때 손가락으로 짚어가며 읽게 하십시오.

아기를 천재로 만드는 다섯 번째 보물은 손끝, 연필, 악보책입니다.

♥ 스케치(sketch)

1) 책을 찢지 않고 다루는 법을 가르칩니까? 줄이 있는 공책에 글자를 쓰게 합니까? 오선지에 음표를 그려보게 하십시오.
2) 아이에게 나무 연필을 쥐어주십시오.
3) 아기들의 손톱이 때로는 무기로 돌변합니다. 손톱을 깎아주고 예배에 데려 오십니까?
4) '악보책 읽기공부'를 마쳤으면 책을 치우십시오. 책 없이 암송(暗誦)해야 합니다.

　아기의 오른 손 검지를 '말씀 손'으로 활용하십시오. 엄마가 아기의 오른 손목을 꼭 잡으세요. 성경책을 소리 내어 읽어 주어서 귀로 들려주며 동시에 아기의 검지 손가락 끝(=말씀 손)이 글을 따라 드래그 하도록 아기 손목을 잡고 운전하십시오. 이때 책의 글자를 뚫어지게 봐야 한다고 가르치십시오. 이 네 가지 학습을 동시에 하십시오. 듣기, 보기, 읽기, 손가락 끝으로 글자 터치!(이 방법은 요일 1:1에 있습니다).

　국어, 수학, 물리, 화학, 음악. 학교 다닐 때 어떤 과목을 재미있어 했나요? 우리 뇌가 음악을 좋아해서 도파민과 세로토닌 호르몬을 쏟아내 줍니다. 우리를 기분 좋게 합니다. 춤, 찬양, 손 유희, 찬양시(가사), 악기, 악보는 서로 연결되어 있는 통합교육입니다. 우뇌의 사용범위를 단 번에 넓혀 줄 뿐 아니라 모든 뇌 조직을 발달시키는 일종의 종합예술입니다. 심미적인 감정들은 시상을 통해서 대뇌에 진동을 일으키고 대뇌가 진동되면 그것은 시상에 파동을 되돌려 보냄으로써 재 진동의 순환이 일어나서 두뇌의 새로운 회로를 개척합니다.

캘리포니아주의 클레어몬트에 있는 피쩌 대학의 데이비드 무어는 DNA에 붙어있는 유전자를 켰다, 껐다 할 수 있는 호르몬 방출이 생각에 의해 일어날 수 있다는 것으로 유명한 학자입니다.[1] 뇌가 어느 유전자를 가졌느냐가 아니라 어느 유전자가 켜지고 꺼지느냐에 달려 있다는 것입니다. 생각이 나의 유전자를 조정할 수 있습니다. 우리 몸은 상상한대로 생각하는 대로 만들어 집니다. 아기에게 하나님 말씀과 찬양으로 축복해 주면 좋은 유전자들이 발전합니다.

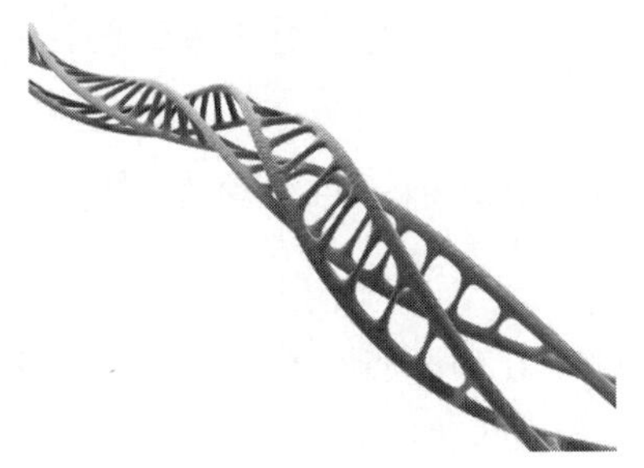

---

1) Danial Lapin, 'Thou shall prosper,' 김재홍 옮김, 「부의비밀」 p.278. 2008. 씨앗을 뿌리는 사람

향기

오늘날 우리는 온통 플라스틱 소재로 된 세계에 살고 있습니다. 하지만 유아기는 나무와 흙이 있고 울타리가 있는 원(園)에서 자라야 한다는 점은 동서고금이 같은 생각입니다. 지동설로 유명한 천체 물리학자 갈릴레오는 "하나님이 2개의 책을 주셨다. 하나는 성경, 그리고 또 하나는 자연이다"라는 말을 했습니다. 자연은 무한한 힌트를 주는 교과서입니다. 성경은 우리 자녀를 "길을 걸을 때 가르치라"고 명령하는데 이것은 자연에서 배울 것을 의미하기도 합니다(신 6:7 참고).

하지만 공기오염, 먼지 때문에 어떻게 바깥에서 아이들을 기를 수 있겠습니까? 있습니다. 향기입니다. 거실에 허브, 라벤다 같은 작은 식물을 기르고 큰 나무 몇 그루를 기르면 어떨까요? 생후 3일이 되면 냄새를 구별할 만큼 후각은 예민합니다. 후각을 자극시켜 주는 것이 두뇌 발달에 중요한 이유는 후각이 기억과 감정을 조절하는 신경회로에 직접 연결되어있기 때문입니다. 시청감각이 손상되면 회생이 아직 불가능합니다만 후각 세포만은 30~40일 만에 재생되는 것만

봐도 후각이 두뇌세포와 얼마나 긴밀한 관계를 맺고 있는지 알 수 있습니다. 자연이 만든 향기는 기억의 창고인 해마를 자극합니다.

아이를 천재로 만드는 여섯 번째 보물은 자연에서 나오는 향기입니다.

♥ 스케치(sketch)

1) 예배의 설교배경에 대자연의 그림들, 새소리, 물소리, 바람소리, 동물들의 소리 등 자연에서 들을 수 있는 효과음을 동원하나요? ppt 설교는 두뇌 스케일을 확대시켜주는 장점이 있습니다.

2) 영아부 예배실에 또는 아기방에 플라스틱 볼풀들을 치우고 커다란 관목이나 꽃, 아름다운 그림, 성화로 장식하십니까?

3) 음식이 식으면 냄새가 없어집니다. 따뜻한 음식이 후각을 자극해서 기억력을 좋게 합니다. 따뜻한 음식을 먹이십니까?

복습과 왜?

　유대 속담에 "공부하는 학생이 복습하지 않고 예습만 하면 씨를 뿌리고 수확을 하지 않는 사람과 같다"는 말이 있습니다. 복습은 한 가지 원리를 반복함으로 익숙(이해)하게 합니다. 복습이 좋은 것은 이전에 그냥 지나쳤던 것을 발견하게 하기 때문입니다. 복습은 일종의 주입입니다. 저는 암기 학습을 복습이라는 단어로 표현해 보았습니다. 암기는 청각중추를 통해서 뇌 속에 집어넣는 것이라면 상상은 뇌가 직접 만든 것입니다. 이 둘 사이에서 일어나는 피드백이 '생각' 입니다. 생각은 뇌를 일깨워서 과거와 연결 짓습니다. 말씀 암송은 어떤 생각을 창작해 내느냐의 '생각의 씨' 입니다. 인간됨과 가치관을 심어주는 교육으로 말씀 암송처럼 좋은 것이 없습니다. 그런데 무작정 외우기만 하면 생각이 틀 속에 갇혀 버립니다. 자신 만의 독특한 생각이나 개성이 개입될 여지가 없게 됩니다. 예수께서는 늘"너희 생각은 어떠하뇨?"라고 물으셨습니다. 질문이 두뇌에 쇼크(자극)를 주어서 잠자는 뇌세포를 일깨우고 상상(생각)하게 합니다.

아이를 천재로 만드는 일곱 번째 보물은 '복습과 왜' 라는 질문입니다.

1) 영아가 말을 정확하게 배우기 위해서 성경 말씀을 읽어주고 외우는 것이 매우 중요합니다. 천천히 반복하여 복습시키십니까? 성경의 장절을 손가락으로 꼽으며 암송시킵니까?
2) 성경 이야기를 들려주고 "왜?" "네 생각은 어떠니?"라는 질문을 하십니까?
3) 성경 이야기를 들려주고 나서 들은 이야기를 그림으로 그려보게 하십니까?

듣기

　예수께서 농아에 청작 장애를 가진 사람을 고쳐 주실 때 "귀머거리도 듣게 하고 벙어리도 말하게 한다"(막 7:37)고 한 순서는 매우 과학적입니다.

　말을 하려면 먼저 들어야 합니다. 듣는 훈련은 우뇌의 사용 범위를 넓혀줍니다. 시각교육이 기억 중추를 명료하게 한다면 듣는 교육은 상상력을 풍부하게 합니다. TV보다 라디오가 생각을 발달시킨다는 사실은 고무적입니다.

　신생아는 모태에서 들어온 낯익은 소리에 반응하고 생후 40일이면 소리가 나는 쪽을 응시합니다. 아기가 사람 많은 곳을 좋아하는 것도 소리가 있기 때문입니다. 하지만 아이들은 예배 시간에 말씀 듣는 시간을 제일 힘들어 한다는 점입니다.

　아이들이 듣기 싫어하는 것이 연설입니다. 자리를 지키고 듣는 훈련은 순종과 자제심을 기르는 좋은 훈련이긴 하지만 설교자가 마치 뉴스 보도 하듯이 들려주면 아이들은 집중을 못합니다. 이럴 때 4살 아이들은 자기들 끼리 떠드는 갱단(?) 조직의 우려도 있습니다.

수시로 목소리 톤을 조절하는 기술이 필요합니다(효과음향을 많이 활용하십시오). 아이들의 듣는 자세는 척추를 곧게 펴고 앉아서 듣게 해야 합니다. 2세 미만은 척추를 바닥에 대고 "누워있을 때" 잘 배웁니다(신 6:7 참고).

아이를 천재로 만드는 여덟 번째 보물은 듣고 청종하는 것입니다.

♥ 스케치(sketch)

1) 아이가 돌아다니며 잘 듣는다고 방치하지 마십시오.
2) 말씀을 손유희나 노래로 표현하게 하십니까?
3) 말씀을 반복해서 들려주십니까? 말씀을 써보게 하십시오.

* 두뇌에 입력된 글자를 그림이나 음악으로 만드는 데는 상상이 필요합니다. 상상력이 풍부하다는 것은 쓰지 않던 두뇌 세포들을 최대한 활용하는 것입니다.

1:1 개인레슨

영아부의 아이들 틈에서 하는 엄마의 개인레슨이 아이의 뇌를 발달시킵니다. 외동이를 집에 앉혀놓고 가르치는 엄마의 1:1 교훈은 아이에게 인상을 남기지 못합니다. 하지만 다른 아이들이 모인 곳에서 아이들끼리 자극을 받으면 하지 말라고 해도 아이는 그대로 모방합니다. 아이는 아이들 속에서 커야 합니다. 영아부가 그래서 좋습니다. 집단 속 개인 레슨이니까요.

예배 시간에 엄마 품에 1:1로 안겨서 많이 쓰다듬고 만져 줌으로써 외부의 자극을 받으면 아기의 뇌 속에 있는 감각 전달의 중추와 자율신경의 최고 중추가 있는 간뇌를 자극합니다. 신경 조직을 튼튼하게 만드는 것입니다. 그리고 아기와 부모의 뇌에서는 심신을 치료하는 옥시토신과 학습을 주도하는 세로토닌이라는 좋은 호르몬이 쏟아져 나옵니다. 엄마와 아기 사이에 활발한 교감이 일어나는 것이지요. 이것은 엄마의 개인 레슨으로 만이 가능합니다. 아이와 부모가 함께 드리는 영아부 예배는 뇌를 자극시키는 좋은 시간입니다. 인성 뿐 아니라 창의적인 뇌를 만듭니다.

가드너(H.Gardner) 박사는 20세기 창조적 인물 7명을 선정했는데 아인쉬타인(물리), 피카소(공간지각), 프로이드(정신), 스트라빈스키(음악), 엘리엇(언어), 그레이엄(신체), 간디(인간친화)입니다. 그는 그들에게서 다음과 같은 4가지 공통점을 찾아냈답니다.

1) 작은 시골 마을에서 태어나 유아, 유년기를 보냈다.

2) 유복한 집에서 가족의 사랑을 받으며 성장했다.

3) 가족 가운데는 독실한 신자가 있었다.

4) 젊은 시절에는 큰 도시로 이주해서 교육, 문화를 접하며 생활했다.

아이를 천재로 만드는 아홉 번째 보물은 1:1 개인레슨입니다.

♥ 스케치(sketch)

1:1 레슨이 독실한 신자를 길러냅니다. 아이들의 그룹 속에서 개인레슨을 하십니까? 이런 학교는 영아부 뿐입니다.

아이가 엄마의 배경을 믿고 응석받이가 되지 않도록 주의하십시오.

격려

　'격려'에는 '용서한다, 사랑한다'는 의미가 이미 들어 있습니다. 격려가 아이의 영을 북돋아주고 두뇌를 명석하게 하는 요소라면(신 28:1,13) 머리를 나쁘게 만드는 치명적인 요소는 죄의식, 죄책, 스트레스입니다.

　심한 꾸지람을 들으면 아이는 죄책감을 느낍니다. 그러면 뇌 활동을 둔화시켜서 결국 머리 나쁜 사람을 만듭니다. 아이들의 실수에 관대하되 반복하지 않도록 반드시 설명을 해 줘야 합니다. 화내고 꾸짖고 윽박지르면 아이는 공포에 사로잡히게 됩니다. 이런 일이 반복되면 대처능력이 떨어지고 매사에 자신감을 잃게 됩니다. 겁먹은 아이들의 특징이 직면한 문제를 해결 못하고 우왕좌왕 한다는 것입니다.

　20세기 창조적 위인들은 한결같이 마음이 따뜻한 부모에게서 사랑 받으며 성장했다는 사실을 기억하십니까?

　그런데 정말 머리 나쁘게 만드는 치명적인 요소는 따로 있습니다. 바로 "맹목적인 사랑"이 아이를 망칩니다. 십계명이 죄의식과 죄책을 심어줄까 봐 염려합니다만 분명하고 명백한 것은 악을 회피하는 이상 죄책, 죄의식은 그대로 남게 된다는 사실입니다. 죄를 간과하면 은혜도 모르게 됩니다. 현명한 아이를 원하면 왜 허용되지 않는 지를 설명하고 용서의 기쁨을 경험하게 해야 합니다. 실수에는 격려하되 죄는 경고해야 합니다. 이러한 사랑이야말로 창조 에너지입니다.

아이를 천재로 만드는 열 번째 보물은 '격려'입니다.

♥ 스케치(sketch)

1) 아름다운 것이 사랑을 받을까요? 사랑받는 것이 아름다울까요?
2) 12개월부터는 허용되지 않는 행동을 하는 경우 단호하게 훈계하고 경고하십니까? 그리고 위로해 주십시오.

*이 책 23쪽을 다시 읽어 보십시오. 예배 프로젝트 1~10을 단 한 마디로 요약한다면 어떤 단어가 어울릴까요? '은혜'입니다. 아기들의 성장과 발달은 총체적으로 하나님의 은혜입니다. 그들은 특별 은총의 수혜자들입니다(마 18:10).

"아기가 자라며 강하여지고 지혜가 충만하며 하나님의 은혜가 그 위에 있더라"(눅 2:40)

똑똑하지 않은 사람들이 행복한 세상을 만듭니다.

네 개나 되는 박스의 짐을 3층으로 운반해야하는데 교사들은 아직 아무도 오지 않았습니다. 너무 이른 시간 이었으니까요. "어떻게 이 박스들을 옮길까?" 걱정하는데 그때 우람한 체격의 낯모르는 중년 여성이 제 앞에 쓱 나타나더니 "태교 강의, 어디서 해요?"라고 묻는 것입니다. "네? 어떻게 이렇게 일찍 오셨나요?" 했더니 9시로 알았다는 것입니다. 나는 놀라서 "아홉시요? 10시 30분에 시작 하는데요."라면서 둘이 짐을 옮기는데 잠시 후 또 낯모르는 한 여성이 나타났습니다. "태교 강의 어디서 하나요?"이 분은 9시 반에 시작하는 줄 알고 달려 왔답니다. 우리는 네 개의 박스를 거뜬히 옮겼습니다. 그날 명민하고 기억력이 탁월한 사람들은 시간에 맞춰서 10시 30분에 도착했습니다.

위의 두 사람은 분명 똑똑하지 않은 사람들입니다. 시간개념도 없어서 자신의 소중한 아침 시간을 다 날려 버렸습니다. 그런데 매사 분명하고 정확한 사람들만 세상에 존재한다면 세상이 어떻게 평화롭게 돌아가겠습니까? 코메니우스가 말해 왔듯이 가장 가난하고, 비천하고, 두드러지지 않은 자들 속에서 하나님은 그의 영광을 위한 도구를 길러내셨다는 점입니다. 아이의 발달이 늦고 다른 아이들에 비해 뒤쳐지는 면이 있더라도 영아부를 떠나지 마십시오. 하나님께 붙어있기만 하면 좋아질 것입니다. 늦게 발달하는 아이들도 있습니다. 예수께서는 "나중 된 자가 먼저 될 수도 있다"고 위로해 주셨습니다.

~~~ 플랫 홈으로 열차가 들어오고 있습니다. 갈아탈 준비를 하십시오. 네 정류장(2~5장)을 지나면 에필로그가 여러분을 마중 나온다고 했지요? 한분도 빠짐없이 목적지까지 잘 도착하셔서 거기서 뵙기를 기다리겠습니다.
~~~

간식이 왔어요 ~ ~

"너희는 내 규례를 지킬지어다 네 가축을 다른 종류와 교미시키지 말며 네 밭에 두 종자를 섞어 뿌리지 말며 두 재료로 직조한 옷을 입지 말지며"(레 19:19)

금 생산지는 금 외에 다른 금속들을 거의 산출하지 않습니다. 포도나무는 포도밭에서, 감나무는 감 밭에서 열매를 맺습니다. 동질은 다른 종류의 나무를 자라지 못하게 합니다. 두 재료로 직조한 옷은 서로를 찢습니다. 불신자의 자녀와 신자의 자녀를 한데 모아서 교육하면 양쪽이 다 피해를 입게 됩니다.

교회는 신앙교육을, 학원은 재능개발을, 체육관은 체력을 증진시킵니다. 교회는 신앙교육 하나를 제대로 해야 합니다. 영아부의 보충수업을 하는 '아기신앙학교'에 오십시오. 오로지 믿는 자녀들이 모여서 하나님을 경외하는 법을 배우는 신앙학교입니다.

＊아기신앙학교에 견학오세요~~
순복음도봉교회, 마포신덕교회
광교꿈의교회, 김포하늘바람교회

2장

아기에게 즐거운 예배생활이 시작되었어요

영아부의 어려움은 더블트랙교육(부모+아이)을 해야 하는 점이지요. 게다가 0~3세는 인생의 어느 시기보다 가장 빠르게 변화하는 피조물이라는 이 점 때문에 영아부는 장마당 같은 느낌을 받습니다. 그러나 한편, 그 소란은 역동적이고 생동적인 생명의 소리이기도 합니다. 교회에 오는 준비부터 집으로 돌아가기까지의 교회 순례와 우는 아기 달래는 법을 2장(5~13주제)에서 설명 드리겠습니다.

"사람이 내게 말하기를 여호와의 집에 올라가자 할 때에 내가 기뻐하였도다"(시 122:1)

5. 영아부는 어떤 곳일까요?

손 자녀와 아들, 며느리를 보러 오시는 할아버지, 할머니, 그리고 고모, 이모, 삼촌들로 영아부 예배 실 현관은 늘 북적입니다. 대대손손 가족의 끈을 강화시키는 영아부에 기독교 미래가 있구나! 라는 강렬한 느낌을 받는 곳입니다. 아기 한명을 기르기 위해 가족 뿐 아니라 온 나라가 나서서 난리인데 교회가 적극 나서야 하지 않겠습니까? 영아부 신앙 교육으로 우수해진 아기들이 미래라는 레이스를 달리기 위해 출발 준비를 하고 있습니다. 복음의 바통을 땅에 떨어뜨리지 않고 대대손손 잘 주고받을 수 있도록 아기를 응원해야 합니다.

"너희는 이 일을 너희 자녀에게 말하고 너희 자녀는 자기 자녀에게 말하고 그 자녀는 후세에 말할 것이니라"(요엘 1:3)

요즘처럼 바쁜 부모들이 언제 자녀를 붙들고 가르칠 수 있느냐고 하시겠지만 유아기의 달라붙는 이 시기야 말로 자녀 교육의 기회입니다. 초등학생만 되어도 공부하자고 붙들면 달아나는데 달라붙는 학생이 얼마나 좋습니까? 게다가 아이들은 똑같은 질문을 하는 습관이 있으니 가르치기도 쉽습니다. 아이들은 한권의 책을 외울 때 까지 읽어 달라고 조르는데 각인을 좋아하기 때문입니다. 아기가 태어나면 부모들은 영적으로 침체되기 쉬운데 각인을 좋아하는 덕분에 부모는 본의 아닌 복습을 합니다. 부모는 아기로부터 끊임없이 자극을 받으며 또한 아기는 부모 신앙의 영향을 받아 하나님을 인식하고 자기 자신도 하나님과 관계되어 있다는 사실을 알게 마련입니다. 영아부야 말로 금 밭 입니다. 배움의 골든타임(golden time)에 늦지 마십시오!

♥ 스케치(sketch)

체에다 물을 계속 부으면 물을 담지 못하지만 점점 깨끗해지듯이 영아부가 별로 특별해 보이지 않더라도 꾸준히 참석하겠다는 다짐을 하십시오.

　　제가 왕십리교회에서 영아부 사역을 할 때였으니 무척 오래 전의 일입니다.

　　신당동에 사는 4살 태희를 밤 10시가 넘어서 장안동파출소 직원이 데려 왔습니다. 경찰에 의하면 버스가 장안동 종점에 도착했을 때 태희는 자고 있었다고 합니다. 버스 기사 분이 깨워서 장안 파출소에 아이를 인계했는데 그런 사실을 까맣게 모르고 있는 태희엄마는 신당동, 왕십리 일대의 파출소에 미아신고를 하고 애를 태우다가 밤늦어서 연락을 받았습니다. 장안 파출소에서 "혹시 이러이러한 아이의 미아 신고가 들어오지 않았느냐" 면서 왕십리 파출소로 연락이 왔다는 것입니다. 경찰관으로부터 들은 이야기는 이렇습니다. "이 아이에게 어디 사느냐, 집이 어디냐 물어도 아무 대답을 못하는데 자꾸 '왕십리 교회, 왕십리 교회' 라고만 말하길 래 혹시 왕십리에 사는 애가 아닐까" 라는 추측으로 왕십리 파출소에 연락을 했다는 것입니다.

　　태희 부모님은 중앙시장 도로변에서 장사 하며, 교회에는 나오지 않는 분이셨습니다. 태희는 이웃 아줌마를 따라 영아부에 나오는데 간식을 주면 덥석 받아들고 그저 웃기만 하는 통 말이 없는 아이였습니다. 엄마가 장사 나갔다가 돌아오실 때까지 길에서 놀던 태희가 기억한 것은 교회 이름이었습니다. 태희 어머니는 '왕십리 교회' 덕분에 아들을 찾을 수 있었다는 기쁨에 작은 선물을 들고 영아부를 찾아오셨습니다. "나도 이렇게 좋은 교회를 다니고 싶은데 벌이 때문에... 그 대신 우리 태희를 잘 보내겠습니다" 라고 하시며 떠나셨습니다.

어린이에게 교회는 어떤 곳일까요?

6. 영아부에 오신 여러분을 환영합니다!

1. 1학년 태아~12개월 아기와 부모
2. 2학년 13개월~24개월 아기와 부모
3. 3학년 25~36개월(3살) 유아와 부모
4. 37~48개월(4세) 유아와 부모

* 유아부가 있으면 4세는 유아부에 소속됩니다.

영아부 학제가 3년 내지, 길게는 4년 걸리는 것은 교회마다 형편이 다른 점을 고려한 때문입니다. 생후 2개월까지는 부모가 아기와 함께 대예배에 참석해도 좋으나 3개월이 되면 울음소리도 우렁차고 시각과 청각이 상호작용하기 시작하므로 이때부터는 아기가 예배드릴 수 있도록 부모님 중에 한분은 영아부에서 예배드리는 것이 좋습니다.

예수께서 기뻐하셨다는 표현이 성경에 꼭 한번 나오는데 어린아이들이 진리를 받을 때입니다.

"그 때에 예수께서 성령으로 기뻐하시며 이르시되 천지의 주재이신 아버지여 이것을 지혜롭고 슬기 있는 자들에게는

숨기시고 어린 아이들(=kjv;babe)에게는 나타내심을 감사
하나이다. 옳소이다 이렇게 된 것이 아버지의 뜻이니이다"
(눅 10:21. 마 11:25 참고)

　　아기가 진리를 받아들이는 것이 하나님의 뜻이요, 이를 돕는
분이 성령이십니다.

💜 스케치(sketch)

1) 목사님에게 아기를 소개하고 인사드리십니까?
2) 아빠가 누워 있으면 이불로 얼굴을 가리워 놓고는 얼굴이
　 '보였다 가렸다' 하는 것으로도 아이는 깔깔대며 좋아 합니
　 다. 오늘은 집에서 아빠와 이불로 '얼굴가리기 놀이'를 해
　 보십시오(1~3세).

7. 아기는 몇 살에 영아부에 등록해야 할까요?

성경은 아기가 하나님의 자녀로 구별되는 날을 생후 8일 째라고 했습니다. 그리고 교회의 일원이 되는 것은 30일입니다. (민 3:40, 눅 2:41~42 참고) 하나님은 "일개월부터" 숫자를 계수하고(민 3:22~62) "일 개월로 부터 다섯 살까지"의 인원을 따로 계수하라고 지시 하셨습니다(레 27:6). 하나님은 니느웨 도시의 어린이 숫자도 세셨습니다. "십이만여 명이요 가축도 많이 있나니 내가 어찌 아끼지 아니하겠느냐 하시니라"(욘 4:11) 영아부의 복음이라고 할 요엘서에서 요엘은 젖먹이와 어린아이를 집회에 모으면서 이를 "여호와의 말씀이라"고 했습니다.

"백성을 모아 그 모임을 거룩하게 하고 장로들을 모으며 어린이와 젖 먹는 자를 모으며 신랑을 그 방에서 나오게 하며 신부도 그 신방에서 나오게 하고"(요엘 2:16)

성경 히브리어는 집회에 나와야 하는 어린이들을 '올랄림' 이라하고, 젖먹이는 '요넥' 이라고 구분합니다. 이 단어는 삼상 2:19, 15:3, 시 8:2, 마 11:25, 마 21:15~16, 막 7:27에도 동일하게 사용된 단어입니다. 델리취(Delitzsch)라는 구약 신학자는 "이 두 단어는 집에서 양육되는 아이, 남의 도움을 받아야 하는 사람, 아직도 젖을 먹이고 있는 여인이 임신하였을 때의 아이를 뜻한다. '올랄'은 혼자 활동 할 수 있는 아이를, '요넥'은 젖먹이라는 뜻인데 떠듬떠듬 말할 수 있는 어린 아이다."라고 해석했습니다. 하나님은 이렇듯이 어린 아기들을 집회에 참여시키라고 하신 것입니다. 태아 때부터 영아부에 등록하세요.

♥ 스케치 (sketch)

이번 토요일에는 아이와 뭘 할 것인지 구체적인 시간표를 짜보십시오. 주일을 준비하는 프로그램도 넣어보세요.

시간	오전	오후	저녁

8. 아버지의 출석 의무

영아부 부모들이 교회에 오려면 기저귀, 여벌의 옷, 간식, 젖병 등, 챙겨 올 짐이 한 보따리입니다. 어머니가 짐 가방을 들고 아이와 예배에 나오기가 쉽지 않습니다. 그래서 하나님은 남자(아버지)의 출석을 의무로 하셨습니다.

"네 모든 남자는 주 여호와께 보일지니라"(출 23:17, 34:23)

이 말씀은 부녀자와 아이들은 오지 않아도 된다는 뜻이 아닙니다. 구약학자 김영진은 "아버지가 오지 않으면 부녀자와 어린 아이들이 무거운 제물을 들고 예배에 오기가 힘들었다"라고 해석했습니다. 성경시대의 예배는 절기 중심으로 드렸는데 그때마다 전 가족이 나와서 예배에 참여해야 했으니까요.(출 10:9 참고) 대명절에는 제물의 양도 많았고 성전 근처에서 유숙하려면 침낭, 옷가지, 식기류, 양식, 돈 등 챙겨 올 짐이 많았습니다. "모든 남자들은 그 얼굴을 내게 보이라"고 하신 것은 부녀와 어린 아이들이 올 수 있도록 남자를 인솔자로 임명하신 것입니다. 특히 무교절, 오순절, 초막절처럼 큰 절기에는 반드시 아버지가 참석해야 했습니다(출 23:17, 34:23).

아버지들이 가족을 인솔해서 오십시오. 기저귀 가방을 들어 주십시오. 혹시 아이의 아버지가 못나오면 아이의 인솔자는 어머니입니다.

아이 아빠의 배와 양 어깨는 즐거운 놀이터입니다. 아기를 아빠의 배위에 올려놓고 흔들어주세요. 아빠가 아기를 안고 힘 있게 돌거나 목마를 태워주세요. 이때 안전을 위해 아빠와 아이는 맨발로 놀아야 합니다.

12개월 미만의 아기를 안고 그네 태우듯이 흔들면 두뇌에 충격을 줄 수 있어요. 살살 조금만 흔들어주세요.

9. "한 때, 두 때, 반 때"(계 12:4~6,14)

3~4년을 아기와 부모가 함께 배우는 이렇게 긴 부모 프로그램을 가진 곳은 영아부입니다. 부모들의 참여를 권장하는데는 이유가 있습니다.

"천이백육십 일 동안 그를 양육하기 위하여 하나님께서 예비하신 곳이 있더라"(계 12:4~6 요약) "거기서,...한 때와 두 때와 반 때를 양육 받으매"(계 12:14 요약)

이 본문은 은유와 상징이 가득한 말씀이지만 아기를 출산한 어머니가 자녀를 양육하는 데 필요한 기간을 1,260일(3년 6개월)로 언급했다는 점을 주목해 보십시오. 영아부가 얼마나 중요하면 이렇게 긴 교육과정을 주셨겠습니까? 아기가 태어나서 3년 반은 하나님의 보호를 받는 특별한 기간입니다(계 12:5, 막 18:10, 레 19:23 참고). 그동안은 부모가 말씀으로 양육 받았습니다. 유아의 언어 발달과 사고능력을 연구한 발달학자들에 의하면 흥미롭게도 이때가 아기에게 정서적 안정감이 가장 필요한 시기입니다. 영아 부가 아기와 부모를 양육한다면 그곳이 바로 주 하나님께서 예비하신 곳입니다.

훈련받은 부모만이 자녀에게 그리스도의 법을 가르칠 수 있습니다. 로렌스 리처드(Lawrence O. Richards)는 그의 저서 《기독교 교육의 신학》에서 "아동 교육의 열쇠는 본질적으로 성인교육이며 어떤 의미에서 자녀 교육은 자녀를 교육하는 것이 아니라 부모 자신을 대상으로 하는 교육이다"라고 말했습니다.

♥ 스케치 (sketch)

1. 서너 살 아이들이 좋아하는 것이 몸을 최대한 빠른 속도로 뱅뱅 돌리는 일명 '세탁기 놀이'와 친구들과 큰 원을 만들고서 빠른 속도로 격하게 도는 일명 '놀이기구 놀이' 입니다.
2. 바닥에 수건을 깔고 아이를 커다란 대야에 담아서 빙빙 돌리거나 끄는 놀이도 재미있습니다. 아이와 게임의 룰을 정해보세요. 기도로 시작하고 마치십시오(2세).

10. 교회에 올 때 이렇게 하십시오.

실천하고 있으면 '예'에 동그라미 하십시오.

토요일 아기의 기저귀 가방 챙기기

① 간식을 미리 챙겨 두셨나요?   예
② 헌금을 미리 준비해 두셨나요?   예
③ 여분의 아기 옷, 양말 등을 챙겨두셨나요?   예
④ 아기의 손톱이 길지는 않은지 확인하셨나요?   예
⑤ 예배 시작과 마치는 시간을 알고 계시나요?   예

주일 아침 아기 단장시키기

아기를 씻길 때와 밥을 먹일 때 / 예
　오늘이 무슨 날인지, 어디에 가는지를 가르쳐 주십니까?
"오늘은 ○○교회에 예배하러 가는 날입니다." "오늘은 존귀
한 날, 기쁜 날, 주일이에요." 아침밥은 든든히 먹입니다.

옷을 입힐 때 / 예

아이와 대화 해 보세요. "왜 오늘은 새옷을 입나요?" "오늘은 주일이니까요."(사 58:12~13 참고)

깨끗하고 단정한 옷을 입히면 아기의 마음이 정돈되고 행동도 의젓해집니다. 하나님은 아이들을 잘 단장시켜서 데려오라고 명령하셨습니다(출 3:22 참고).

현관에서 신을 신길 때 / 예

신을 신기며 대화합니다. "오늘은 어디 간다고 했지요?" "○○교회에 갑니다." "교회에는 왜 가는 거지요?" "예배드리러 갑니다."

출발하기 전에 이렇게 기도해 주세요. "예수님, 우리 아이가 ○○교회에 갑니다. 예배 시간에 돌아다니지 않고 잘 인내하도록 도와주세요. 예수님 이름으로 기도합니다. 아멘." (이 기도를 교회에 올 때 까지 4번 이상 들려 주셔야 합니다).

＊ 아이(1~4살)의 신발은 발목까지 올라와서 발목을 고정시켜 주는 것이 좋습니다. 겨울에는 미끄럼 방지 양말을 신기고 신발은 밑창이 단단한 것을 신기세요(슬리퍼 금물).

늦었다고 포기하지 마세요. 빨리 올 수 있는 교통편도 있어요. 어린이는 명찰을 달고, 뽀뽀뽀 홀리북 가방을 손에 들고 보란 듯이 자랑하며 오십시오. "저는 ○○교회에 갑니다." 교회에 올 때 아기가 명찰을 달고 출발하는 것, 잊지 마세요!

출발! / 예
① 개스 스위치를 잠그셨나요?
② 베란다의 창문을 닫으셨나요?
③ 현관문을 닫고 한번더 흔들어 보셨나요?

교회로 오는 길에 찬송을 부르면 기쁘고 즐거운 마음이 유지됩니다. 즐겁게 교회에 나오는 것만으로도 아이에게는 좋은 교육이 됩니다. 부모님이 허둥지둥 나서면 아이는 마음이 조급해집니다. 변덕이 심한 아이들도 자제심과 인내심을 기르기에 좋은 시간이 예배입니다. 부모의 분주함 때문에 아기의 마음이 흐트러지지 않도록 하십시오.

4살 민철이는 아빠 승용차를 타지 않고 엉뚱하게 버스를 타겠다고 고집을 부립니다. 지나가는 버스를 가리키며 정류장 쪽으로 달아나는 겁니다. 승용차에 태우지만 도착할 때까지 울고 교회에 도착해서는 내리지 않겠다고 차안에서 버팁니다. 호기심, 새로운 세계를 동경하는 민철이의 마음은 화가 나 있는 것입니다.

아이와 전철이나 버스를 타고 교회에 오는 날을 정해두시면 어떨까요? 민철이 덕분에 교회의 주차장은 좀 헐렁해질 것 같습니다.

11. 아기와 대화하기 (5~7분) / 예

교회에 오는 동안 말귀를 알아듣는 아이에게는 이러한 대화로 마음 준비를 해주십시오.

Q1. "어른들을 만나면 어떻게 하지요?"
A1. "허리를 굽혀서 인사합니다."
 * 2살 미만은 부모님이 아기의 손을 흔들어주십시오

Q2. "교회는 왜 가지요?"
A2. "하나님께 예배드리러 갑니다."

Q3. "예배 시간에 장난감이나 게임기, 인형이 필요합니까?
    무엇이 필요하지요?"
A3-1. "아니오. 성경과 찬송책이 있어야 합니다."
A3-2. "교회는 놀이동산이 아니예요."

Q4. "말씀 듣는 시간에는 어떻게 해야 하는지 알고 계세요?"
A4. "앉아서 조용히 들어야 합니다."

Q5. "예배 시간에는 뭐라고 다짐해야 하지요?"
A5. "나에게는 인내심이 필요해!"

＊잠간! 화장실이 급할 때는 절대 인내하지 마세요. "엄마 화장실 가고 싶어요"라고 말해야 합니다.

교회에 도착하면 이런 순서를 지켜주십시오 / 예

① 아기를 데리고 화장실에 들릅니다.

② 신발은 신발장에 둡니다. 아기가 기억하는지 나중에 확인해보세요.

③ 교회의 어른들과 친구들을 만나면 인사를 나눕니다.

④ 방석에 앉힙니다. 두 손을 모아주고 기도합니다.
　"하나님 감사합니다. 예수님 이름으로 아멘."

⑤ 준비한 헌금을 헌금함에 공손이 넣습니다.

⑥ 아기의 손을 잡고 예배 실을 산책합니다.

⑦ 아이가 장난감, 인형을 가져왔다면, 아기 귀에 속삭여 주세요. "쉿, 그건 가방에 숨겨 두는 거에요."

영아부실이 보일러 고장으로 냉기가 도는 어느 해 겨울, 아이들이 양말을 벗고 정신없이 뛰어 다닙니다. '마이크'를 통해 "양말을 신으세요" 라고 방송을 하였습니다. 누군가 다리를 꼬집기에 "아야"하며 내려보니, 4살 형준이가 제가 신은 살색 스타킹을 잡아 늘리고 있습니다. 형준이는"헤헤헤, 양말을 신었구나" 하며 달아납니다. 제가 양말을 신은 것을 확인하는 것입니다.

소꿉놀이용 모자

아이들은 모자를 좋아합니다. 심지어 헌금바구니를 머리에 쓰고 예배실을 돌아다니는 아기도 있답니다. 모자는 사람의 얼굴을 다양하게 변화를 주고 다양한 이미지를 만들어 냅니다. 이스라엘의 유아놀이 중에 쯔다카를 거둘 때 하는 모자에 '동전 던지기', 부림 절에 하는 하만의 '모자 벗기기', 십계명의 1계명을 가르칠 때 하는 이짚트 탈출 놀이에는 '모자 돌리기' 가 유명합니다. 모자는 어린이가 각종 역할을 하는 아이디어를 줍니다. 영아부와 가정에는 어떤 모자들이 있나요? 요리사 모자, 제사장 모자, 간호사 모자 , 야구선수 모자, 앞치마가 있습니까?

어른 흉내 내기

아이들은 어른을 흉내 내며 많은 것을 배웁니다. 엄마의 손가방, 컴퓨터나 스마트폰 안에는 뭐가 들어있는지 궁금해 합니다. 고장 난 컴퓨터나 스마트폰의 부품들, 얼굴에 수염 붙이기, 모자 벗기기 놀이 들은 아이들에게 좋은 놀이도구입니다.

* 교회에 올 때 인형이나 장난감을 가지고 오지 말라는 것을 교육 방침으로 정했다면 설교할 때 인형을 사용하지 않는 것이 좋습니다.

12. 우는 아기 달래는 법

예배시간에 아가가 울고 보챌 때는 안아서 등을 두드려주고 머리를 쓸어주면 진정효과가 있습니다. 몸을 가볍게 흔들어 주십시오. 그래도 울음소리가 요란하면 물소리가 들리는 방에 가서 달래주세요.

잠깐! 울음은 아기의 언어입니다. 아기가 왜 우는지 관찰해 보세요. 아기들은 대체로 다음과 같은 요구를 울음으로 표현합니다. 배고파요 / 피곤해요 / 다른 것을 보여줘요 / 배가 아파요 / 불편해요 / 여기가 싫어요 / 시끄러워요 / 낯선 사람들이 나를 쳐다봐요 / 더워요 / 추워요 / 배불러요 / 안아줘요 / 등.

1) "지루해요 싫증나요"

눈을 깜박이고 하품을 합니다. 등을 뒤로 젖히고 다리와 팔을 휘저으며 웁니다. 손에 물건을 쥐어주면 던집니다. -> 재워달라는 신호입니다

2) "졸려요 피곤해요"

귀나 뺨을 움켜쥐다가 얼굴을 할키고 짧은 숨을 몰아쉬며

흐느끼듯이 웁니다. -> 조용한 장소로 가서 잠이 들도록 토닥여주세요

3) "배가 고파요"

입술을 핥다가 주먹을 입으로 가져갑니다. 울음소리가 규칙적입니다. -> 수유를 하거나 간식을 입에 넣어주세요.

4) "재미없어, 따분해요"

다른 물건에 시선을 돌리고 손가락을 가지고 놉니다. 고개를 획 돌리거나 딴청을 하고 칭얼대고 웁니다 -> 그림책이나 기저귀 가방을 열어보는 놀이를 하게 하세요.

5) "더워요"

숨을 헉헉거리다가 울음을 터뜨립니다. 몸을 만져보면 축축합니다. -> 환기를 시키고 실내 온도를 조절하세요.

6) "내 몸에 열이 있어요"

숨을 헉헉거리며 칭얼대다가 울기 시작합니다. 피부를 만져보면 건조합니다. -> 물수건으로 몸을 닦아주고 겉옷과 양말을 벗겨 주세요.

7) "추워요"

체온이 내려가면 아래 입술을 떨며 웁니다 -> 아기를 따뜻한 품으로 안아 주세요.

8) "아파요"

날카로운 고음의 비명을 지르며 웁니다. -> 입안에 이물질을 넣었는지 입안을 관찰하고 이물질을 꺼내주세요.

9) "배에 가스가 찼어요"

무릎을 가슴까지 올리고 혀를 떨며 웁니다. -> 공기를 삼켜 가스가 찬 경우에 이런 반응을 보입니다. 불규칙적인 수유 습관일 때 가스가 찰 수 있습니다. 배꼽을 중심으로 배 마사지를 해주세요.

10) "안아줘요"

눈동자를 굴리며 조그맣게 울어대며 눈치를 봅니다. 낯선 곳을 감지하고 두렵다는 신호일 수 있습니다. -> 등을 다독여 주고 부드러운 말로 안심시키면 그칩니다.

11) "과식했어요"

잘 먹고도 칭얼대고 웁니다. -> 먹을거리를 주지 마세요.

12) "대변이 나오려고 해요. 끙"

젖을 먹다가 몸을 비틀고 힘을 줍니다. 투정부리며 칭얼대다가 방치하면 젖꼭지를 깨뭅니다. ─〉 기저귀를 확인하고 갈아 채우세요.

아기가 우는 것은 건강하다는 표현입니다. 그런데 아기가 30분 이상을 지치도록 울 때, 얼굴에 푸른 끼가 있거나 발진이 생길 때, 절대 울지 않을 때는 의사를 찾아가세요.[2]

진리의 말씀인 우리의 성경에는 아기들의 울음원인을 분별하라고 가르칩니다. 땅에 엎드러져굴며(막 9:20), 토하며 이를 갈며(9:18) 예배의 방해군인 사단에게 조종당하는 경우도 있습니다.

2세미만은 수면부족이거나 3세 미만은 놀이시간이 부족하거나 4세 경우는 과도한 학습량으로 몸과 마음이 지치고 피곤할 때 주로 짜증을 내고 예민하게 반응하는 편입니다.

2) Tracy Hogg, secrets of the Baby Whisperer 노혜숙 옮김, '베이비 위스퍼' 세종서적 2007, 122~124면 참고.

두 자녀를 데리고 나오시는 부모님은 작은 아이의 반에서
배우십시오.

씨, 껍질, 어느 것 하나 버리지 않고 통째로 먹는 과일이 무엇일까요? 맞춰보세요.

포도. 바나나, 무화과, 대추, 석류, 사과, 배

답 = 무화과입니다. 껍질도 먹고 씨 째 먹어서 찌꺼기가 하나도 없습니다. 그럼, "무화과나무를 지키는 자는 그 과실을 먹고"(잠 27:18) 에서 무화과는 무엇을 상징할까요? 버릴 것 없이 완전하다는 의미에서 무화과는 하나님 말씀을 상징합니다. 하나님의 말씀은 버릴 것이 하나도 없습니다. 사도신경, 주기도문을 외우듯이 하나님의 말씀 중에 말씀인 십계명은 밥 먹듯이 꼭꼭 씹어서 외우셔야 합니다.

13. 예배를 마치면 이렇게 합니다.

1) 예배와 반모임을 다 마치고 집에 돌아가기 전에 모두 일어
   서서 오른 손을 들고 부모의 '청지기 선서' 를 합니다.

   "저는 하나님이 선물로 주신 이 아기(이름)의 청지기입니다.
   하나님이 저희 부부에게 맡기신 이 아이를 한 주간도 말씀과
   기도로 잘 양육하고 오겠습니다."

2) 영아부 주제가를 다같이 합창 합니다

3) 다음 주에 다시 만납시다!
① 아이는 방석 정리하는 것을 좋아합니다. 아이와 앉았던 자
   리를 정돈하세요.
② 두고 가는 물건이 있는지 주변을 둘러보세요.
③ 떠날 때는 선생님과 친구들과 인사를 합니다.
④ 선생님은 아이가 안 보일 때까지 손을 흔들어 주십시오.

쥴리아 홉스(Julia Henkel Hobbs)의 학습 과정의 단계
암기 – 이해 – 설명(왜?) – 생활화

학습 과정의 첫 번째 단계는 암기입니다. 많은 사람들은 암기는 전혀 학습이 아니며 단순한 모방에 지나지 않는다고 말하지만 매우 단순한 형태의 이 학습이 아이들에게는 가장 중요한 학습 방법입니다. 효과적인 암기 학습은 리듬 언어로 하는 암기법을 선택하십시오.

교육학자들에 의하면, 영아에겐 어떤 체험에서 얻은 원칙을 다른 상황에 전이 시킬 수 있는 능력이 없다고 말합니다. 그러므로 한가지 원칙을 가르치기 위해서는 여러 상황에서 반복이 되어야 한다고 합니다. 예를 들어 5계명을 가르칠 때 암기, 노래, 그림, 동화 등의 방법으로 5계명 주제를 반복시키는 것입니다.

"엘가나는 라마의 자기 집으로 돌아가고 그 아이는 제사장 엘리 앞에서 여호와를 섬기니라"(삼상 2:11)

"사무엘은 어렸을 때에 세마포 에봇을 입고 여호와 앞에서 섬겼더라"(삼상 2:18)

아기를 천재로 만드는 영아부 예배

춤, 찬양, 기도, 말씀듣기, 헌금, 반모임, 봉사 중에 어린이들이 가장 좋아하는 예배 요소는 감각과 근육으로 배우는 찬양과 봉사입니다. 찬양단에 서기를 좋아하고, 헌금 봉사를 좋아하고 심부름에 당선되면 좋아합니다. 영아부 예배는 아기가 할 수 있고 좋아하는 요소들로 채워져야 합니다. 예배, 기도, 성경 읽어 주기는 내적 발달을 위한 요소들입니다. 이러한 영의 교육이 아기를 우수하게 합니다.

"삼가 이 작은 자 중의 하나도 업신여기지 말라 ... 그들의 천사들이 하늘에서 하늘에 계신 내 아버지의 얼굴을 항상 뵈옵느니라"(마 18:10 요약)

14. 예배순서

예배는 1,2부로 진행됩니다.

1부 - 힘을 다해 드리는 몸 드림 예배 (10분 정도)

    춤, 노래, 악기 연주, 스카프나 깃발을 흔들며 '힘을 다해서' 해야 합니다. 에너지를 소진시키면 그 다음에는 늘어집니다. 이것이 말씀 시간에 덜 돌아다니지 않게 만드는 전략이기도 합니다. 부모님은 인도자의 지시대로 아기를 안고 '들어 올리고 내리기'를 해 주십시오. 한 손으로 아기의 허리와 엉덩이를 받치고 다른 한 손으로는 머리와 등의 윗부분을 받친 다음 내리고 들어 올리며 "하나님의 복덩이, 아무개가 여기 있어요!"라고 몇 차례 반복한 후 자리에 앉으십시오.

인터미션(intermission time)
1) 물 티슈로 아기의 손을 씻어 줍니다(= 뇌 진정시키기 요법).
2) 깊은 숨 호흡을 세 번 하십시오. 심호흡이 마음과 몸을 안정시킵니다.
3) 차분한 찬양을 반복해서 부르십시오.

2부 – 무릎예배 (20분)

1. 사도신경을 노래로 부르기
2. 헌금봉헌과 봉헌송
3. 유아들의 찬양(찬양대)
4. 오늘의 말씀을 다 같이 큰소리로 읽기
5. 말씀 듣기
6. 오늘의 요절을 손가락으로 꼽아가며 기억하기
7. 주기도문을 노래로 부르고 마치기

　1세 미만은 품에 안기거나 누워서, 2,3세는 엄마의 무릎에 앉히거나 발을 쭉 펴고, 4세는 허리 곧게 펴고 앉습니다.

* 인터미션은 2부로 진입하는 마음준비 시간입니다.

기도

아기들은 눈 감는 것을 잠시도 못 참습니다. 그런데 기도가 우리 인체에 얼마나 좋은 것인지 들어 보십시오. 기도할 때 손을 모으고 두 눈 감고서 기도 소리를 듣는 것이 내면을 일깨워주어서 미래 예측능력을 발달시킵니다. 메시지 주입을 통해서 인간 의식이 육체의 한계를 벗어나 외부로 미칠 수 있다는 이 엄청난 일은 과학적으로 이미 입증되었습니다. 페니실린의 효과도 크지만 페니실린과 사랑의 기도가 결합하면 그 효력이 더욱 크다고 합니다(플라시보 효과). 현대 의학의 가장 뚜렷한 흐름의 하나는 기도로 복귀하자는 것입니다. 기도는 스트레스를 해소하는 이완 반응을 불러 일으켜서 건강에 도움이 됩니다. 정신적 스트레스에서 발병하는 질병들이라고 할 수 있는 고혈압 위궤양, 류마티스 관절염, 궤양성 대장염들은 기도나 주문을 반복하면 치유가 가능하다고 합니다.

설교

TV, 비디오 컴퓨터들로 이미지가 넘쳐나지만 자신의 내적 이미지를 발달시킬 기회가 거의 없습니다. 설교 시간에 보여

주는 그림이나 영상이 기억을 강화시킨다면 이야기 듣기는 상상력을 발달시킵니다. 실내를 조명등이나 양초로 밝힌 분위기에서 말씀을 들려주면 예전적이고 상상력 있는 느낌을 더해줍니다.

15. 아기의 손을 잡아 주십시오.

아기 혼자서는 예배를 드리지 못합니다. 그래서 어른들의 안내와 도움이 필요합니다. 어른들의 예배에도 안내위원이 필요한데 아기의 예배에서 부모는 안내위원이 되셔야 합니다. 생후 4주차가 되면 사물이 보이기 시작하는데 예배를 봅니다. 예배와 의식을 통해서 태도를 배운다는 뜻입니다. 이 시기는 말씀을 지적으로 이해하는 것이 중요하지 않고, 예배 분위기와 의식을 행동으로 경험하므로 예배의 바른 태도를 배웁니다. 예배는 하나님을 경외하는 태도를 배우는 것입니다. 눅 2:40의 말씀을 유의해서보시기 바랍니다. 하나님을 신뢰하고 경외하는 신앙은 지혜가 충만해지며 좋은 사회인이 되는 기초입니다(삼위일체육아법 206~228 참고).

2살 미만은 손유희로 찬양할 때와 헌금드릴 때 아기 손을 잡아주셔야 합니다. 찬양의 리드미컬한 언어와 소리의 반복, 손가락 오물거림은 아기의 감각, 지각을 통합시켜 주는 중요한 교육적 요소입니다. 감각이 미분화 된 아이들에게 예배의 요소들은 발달을 위한 중요한 과제이며 예배 시간에 뇌에서는 심신을 치료하는 좋은 호르몬이 나옵니다. 우뇌를 자극해서 인성과 창의적인 뇌를 만드는 예배시간 전에 도착하세요!

♥ 스케치 (sketch)

1. 이름 부를 때 아기의 손을 높이 들어 올리세요. "아무개 여기 있어요!"

2. "예수는 지혜가 키가 자라가며 하나님과 사람에게 더 사랑스러워 가시더라"(눅 2:40)에서 '예수'는 대신 아기 이름을 넣어서 불러보세요.

3. 기도 손 배우기

   엄지 : 하나님 아버지

   검지 : 감사합니다.

   중지 : 저의 죄를 용서해 주세요.

   약지 : 저의 소원을 이루어 주세요.

   소지 : 예수님의 이름으로 기도합니다.

16. 흔들흔들

"춤추며 그의 이름을 찬양하라"(시 149:3)

춤이 먼저 일까요? 노래가 먼저일까요? 성경이 찬양보다 춤을 앞세운 것은 상당히 과학적인 표현입니다. 찬양은 입과 혀, 발성기관을 움직여야 하는데 이들은 고도의 정신 활동을 필요로 하는 감각중추에 해당됩니다. 몸 전체와 관련 있는 춤은 운동중추가 관장합니다. 춤과 노래라는 공식처럼 영아는 순차적인 단계를 밟으며 성장합니다. 아기가 10~15개월이 되면 두 손을 모아 손뼉 치며 엉덩이를 들썩입니다. 이 순간, 아기의 뇌에서는 어떤 일이 벌어지고 있을까요? 대뇌피질에는 운동중추와 감각중추가 있습니다. 캐나다의 대뇌생리학자 와일더 펜필드(Wilder Penfield)에 의하면 손가락이나 혀의 중추, 언어 발달과 관계있는 목 근육 발성기관, 눈, 귀처럼 작은 기관의 감각중추는 큰 운동을 맡고 있는 몸통, 다리 같은 운동중추의 영역보다 쓰는 뇌의 넓이가 훨씬 더 큽니다. 즉, 몸을 움직이는 것이 발달의 기초 훈련이 된다는 뜻입니다.

춤은 운동중추 신경을 발달시키고 노래는 발성기관의 감각중추의 발달을 돕습니다. 예배시간에 부모님들은 아기 손을 잡아주고 춤추며 손유희를 따라하며 찬송을 열심히 부르십시오. 하지만 목을 채가누지도 못하는 6개월 미만의 영아들은 찬양할 때 조심스럽게 살짝 흔들어 주는 것이 좋습니다.

♥ 스케치 (sketch)

'아기 하나 둘, 하나 둘' 아기는 노랫소리를 들으면 발로 장단에 맞추곤 합니다. 엄마가 아기의 종아리를 붙들고 마치 다듬이질하듯이 리듬감 있게 '하나, 둘 하나, 둘' 하고 흔들어 주십시오. "견고하고 튼튼한 종아리를 주신 하나님 감사 합니다" 라고 하세요.

정서와 관련된 음악 과정에 관한 연구에 의하면 "간뇌의 일부분인 시상(視床, Thalamus)은 정서와 감각과 감정의 주요한 중계소인데 심미적인 감정들은 시상을 통해서 대뇌에 진동을 일으킨다. 대뇌가 진동되면 그것은 시상으로 곧 파동을 되돌려 보냄으로써 재 진동 순환이 일어난다"고 합니다. 얼마나 정교하고 복잡한 과정인가요? 이렇듯 노래 한마디가 아기의 두뇌와 감정을 흔들어 놓습니다.

언어에 리듬을 넣어서 손 유희나 춤으로 표현하면 의식 뿐 아니라 '속에 있는 모든 기관' 을 다 바쳐서 예배하는 것입니다. "내 속에 있는 것들아 다 그의 거룩한 이름을 송축하라" (시 103:1 요약) "너는 마음을 다하고 뜻을 다하고 힘을 다하여 네 하나님 여호와를 사랑하라"(신 6:5)고 하셨습니다.

*생후 6개월부터 시력검사를 해주십시오. 눈을 자주 깜박이거나 눈을 자주 비비는 등의 증세를 보이면 안과에 방문하십시오. 시신경, 시력장애, 안질환 등은 심한 근시나 난시로 이어질 수 있습니다. 조기에 발견하면 교정이 가능합니다.

17. 목소리 찬양

"총각과 처녀와 노인과 아이들(=나아림=세살미만 아기들)아 여호와의 이름을 찬양할지어다"(시 148:12).

음악에는 어떤 놀라운 힘이 있어서 아기로 하여금 몸을 들썩이게 만들까요? 노래 소리가 나오면 손뼉 치며 몸을 흔드는 것은 인간이 본능적으로 성장하는 존재임을 알 수 있습니다. 음의 지각을 심리적 관점으로 연구한 미국의 물리학자 베케시(Von Bekesy)는 진동수에 따라서 다르게 나는 소리를 듣고 구별하는 능력이 청각 발달에 영향을 주며 이것이 대뇌 발달로 연결된다는 사실을 발견하였습니다.

찬양은 영적으로 성장하는 계기가 될 수 있습니다. 예수님은 아이들의 찬양을 적극 지지하셨습니다(마 21:15~16, 시 8:2 참고). 춤과 찬양은 우뇌의 사용범위를 넓혀줍니다. 노래는 입, 혀, 발성기관, 배, 심폐 기능까지 동원되어야 하는 아주 복잡한 뇌 활동입니다. 노래는 발성기관과 감각중추의 발달을 돕는 중대한 학습입니다. 음악을 중요시한 플라톤(Plato)은 "음악을 통해 영혼은 정의로운 성질을 배운다. 영아기는 음악적 자극을 받으면 감각 신경이 가장 강렬하게 반응하는 시기이자 가장 뚜렷하게 몰입하는 시기"라고 하였습니다.

　찬양할 때 심신을 치료하는 좋은 호르몬이 나옵니다. 인성 뿐 아니라 우뇌를 자극해서 창의적인 뇌를 만듭니다. 시편 기자는 3살 반 안팎의 아기들에게 여호와의 이름을 찬양하는 법을 가르치라고 했습니다. 하나님은 아이들의 목소리를 듣기 원하십니다(시 148:12). 작은 소리는 뇌의 회로에 배선작업을 정교하게 해줍니다.

♥ 스케치(sketch)

1) 아이들은 마이크에서 나오는 자신의 목소리를 좋아합니다. 공명이 되는 장난감 마이크를 손에 쥐어 주세요.
2) 큰소리, 작은 소리, 아버지, 할머니, 마트에서 들은 물건 파는 아저씨 목소리 등 다양한 목소리를 흉내 내는 놀이를 해 보세요(3~4세).
3) 우리의 몸이 악기입니다. 몸에서 어떤 소리가 날까요? 귀 기울이고 소리를 들어보세요. 몸으로 소리를 만들어 보세요 (혀로 입천장치기, 손톱치기, 입술로 '푸푸' 하기, 기침 소리 등). 감기에 걸리면 우리 목에서 어떤 소리가 나오지요? 우리 몸의 뼈들이 하나님을 찬양하게 해 보세요(시 35:10).

18. 손가락과 아기의 뇌

"이것을 네 손가락에 매며 이것을 네 마음판에 새기라"
(잠 7:3)

아기들은 왜 잠시도 가만히 있지 못할까요? 아기들이 쉬지 않고 꼼지락거리는 이유는 피부 감각 중에서도 특히 손가락 끝의 중추신경이 대뇌의 커다란 부위를 차지하기 때문입니다. 감각발달기의 영아가 하는 손가락 훈련은 시각이나 청각과 같은 대뇌 활동과 기능을 개척하는 역할을 합니다. 손과 손가락 훈련을 통해서 지적 활동이 활발해진다는 뜻입니다.

영아는 감각중추의 미분화로 통합이 쉽게 이뤄지지 않으므로 춤과 노래가 따로 놀고 다섯 손가락을 하나씩 따로 펴지 못하고 붙인 채로 있습니다. 손과 뇌는 밀접한 관계를 갖고 있습니다. 인간 뇌는 운동 중추신경과 피부점막, 눈, 코, 귀, 혀를 관장하는 감각중추신경이 있는데 시각, 청각, 피부감각 중에서 특히 손가락, 그 중에서도 손가락 끝의 감각은 몸통이나 다리를 맡은 뇌의 영역보다 훨씬 커다란 부분을 차지하고 있습니다. 손으로 만져보고 물체를 확인하는 촉각 작용이 인간의 지능 발달과 관계가 있습니다.

성경의 장절을 손가락으로 꼽아가며 암송하십시오 시편 기자는 "주의 손가락으로 만드신 주의 하늘과 주께서 베풀어 두신 달과 별들"(시 8:3)이라고 묘사할 정도로 손가락 감각은 매우 중요합니다.

1) 성경의 장절을 손가락으로 꼽아주세요. 천천히 하세요. 종이로 감긴 색연필과 백지를 주셨나요?
2) 엄지와 검지손가락으로 삶은 콩을 집어서 컵에 담는 놀이를 해보십시오.
3) 만약 주먹을 쥐고 자면 손을 펴주십시오,

쥠쥠, 도리도리, 곤지곤지, 짝짜꿍

쥠쥠

쥠쥠은 '쥐암쥐암'의 줄인 말로 두 손을 쥐었다 폈다 하는 동작인데 다섯 손가락을 쥐었다 폈다 할 적마다 두뇌를 자극시켜서 언어 발달에 도움을 줍니다. 손가락을 오므렸다 폈다 하면서 손과 손가락 근육의 미세한 조직을 발달시킵니다.

도리도리 쥠쥠, 끄덕끄덕 쥠쥠

머리를 양쪽으로 돌리게 하는 '도리도리 쥠쥠' 놀이와 고개를 앞뒤로 끄덕이는 놀이는 척추와 목 근육을 강화시키고 누워 있는 시간이 많은 아기의 목을 풀어주는데 최고로 좋은 목 운동 놀이입니다.

곤지곤지 쥠쥠

왼쪽 손바닥을 오른손 집게손가락으로 꾹꾹 찌르며 하는 '곤지곤지'는 쥐는 훈련의 시작으로서 글씨를 쓰기 위해 연필을 쥐는 기초 훈련이 됩니다. 한방(韓方)에서는 '곤지곤지'가 아기의 소화 기능을 촉진시키는 놀이라고 합니다. 작은 근육

을 발달시키고 손바닥을 자극해서 내장의 기능을 튼튼하게
하고 피를 잘 통하게 해 줍니다.

짝짜궁

　돌 무렵부터 시작하는 '짝짜꿍' 은 눈과 손의 통합을 위한
것으로, 사물을 눈으로 쳐다보며 정확하게 잡을 수 있도록 훈
련합니다.

따로따로

　걸음마를 시작하는 아기에게 하는 훈련으로는 '따로따로'
라는 찬트를 불러 주는 것이 도움이 됩니다.

19. 아이에게 악보 책이 필요합니다.

"그러므로 이제 너희는 이 노래를 써서 이스라엘 자손들에게 가르쳐 그들의 입으로 부르게 하여 이 노래로 나를 위하여 이스라엘 자손들에게 증거가 되게 하라"(신 31:19)

"그러므로 모세가 그 날 이 노래를 써서 이스라엘 자손들에게 가르쳤더라"(신 31:21)

인간이 글을 음률로 만드는 역사는 얼마나 오래 되었을까요? 위의 말씀에서 보듯이 악보집을 만들라는 것은 하나님의 명령입니다. 애굽의 음악과 모든 학문에 익숙한 모세는 당일에, 그날 작곡을 했습니다. 최초의 노래책이 만들어진 것입니다.

아이들은 아는 노래를 악보집에서 용케도 찾아내어 펼칩니다. 악보의 번호와 음표를 그림(picture)으로 인식하고 기억하기 때문입니다. 악보를 눈으로 보여 주면서 음을 익히면 그만큼 음정에 대한 감각이 발달합니다. 지능 발달과 가장 깊은 관계가 있는 감각이 바로 물체를 손으로 만져서 확인하는 촉각입니다. 책을 만지고 가사를 눈여겨보면 한글도 깨칩니다. 하나님은 더듬거리는 어린 아이들의 입을 택하셨습니다. 예수님은 "어린 아기들과 젖먹이들이 신령한 노래에 화답할 수 있다"(마 21:16 참고)고 하셨습니다. 하나님은 어린 아이들에게 노래로 나타내십니다.

♥ 스케치(sketch)

1) 글을 읽을 줄 모르는 아이에게 책을 주듯이 3~4세 아이에게는 악보 책을 주셨습니까?

2) 책을 다루는 법을 가르쳐 주셨습니까? 손바닥으로 책을 쓰다듬듯이 스캔하게 하십시오(터치).

3) '악보책 읽기공부'를 마쳤으면 책을 치우고 책 없이 암송(暗誦)해야 한다는 것을 기억하고 계시지요?

20. 설교와 아기의 뇌

아기의 듣기 능력은 탁월합니다. 아이들이 소음 속에서도 잘 듣는 이유가 있습니다. 사춘기에는 2만Hz, 60대는 1만 2000Hz를 듣는데, 갓난아기는 3만 Hz의 소리를 듣는다고 합니다. 영아부 예배의 말씀 듣는 시간은 좋은 훈련이 됩니다. 하지만 3세미만의 아기들이 얌전히 앉아서 듣기란 매우 어렵습니다. 예배에 올 때 마음 준비를 하고 와야 하는 이유가 이것입니다.

몸을 많이 움직이면 몸이 늘어져서 돌아다니지 않게 됩니다. 예배 전에 과격한 몸 찬양을 충분히 해서 에너지를 소진시키면 설교시간에 얌전히 앉아서 듣습니다. "누웠을 때든지 가르치라"(신 6:7 참고)고 하셨는데 아기들은 누워있을 때 가장 잘 배우는 시간입니다. 12개월 미만의 아기는 예배 시간에도 몸을 쭉 펼 수 있도록 눕히세요. 아기가 안아 달라고 울면 안고 예배를 드리십시오. 갓난아기는 잠 잘 때도 깨어 있을 때처럼 주위 소리를 듣기 때문에 이때에도 말조심을 해야 합니다.

1) 아이가 선생님을 존경하면 선생님의 말을 잘 듣습니다. 아이에게 "아무개 선생님은 참 좋으신 분이라"고 매일 칭찬을 많이 해 주십시오.

2) 손유희

어린 아기 사무엘 (주먹을 쥐고 손목을 흔든다)

하나님 앞에서 (양 엄지손가락을 들어 올린다)

자랐어요! (소지 손가락을 편다) 한살!

자랐어요! (약지 손가락을 편다) 두살!

자랐어요! (중지 손가락을 편다) 세살!

자랐어요! (검지 손가락을 편다) 네살!

하나님 말씀을 잘 들었어요! (쉿!)

* '사무엘' 대신에 아기의 이름을 넣어서 불러보십시오.

영아부 설교 사례

성경본문 : 출 2:1~10

제목 : 아기 바구니

손유희로 외울 말씀 : "하나님 보시기에 아름다운지라" / 행 7:20
일부분 말씀(손가락으로 꼽아가며 암송하기)

설교도구 : 손잡이가 달려있고 가운데가 움푹 패인 대나무 바구니,
ppt 그림자료, 아기인형

앙앙 ~ 아기가 태어났어요. 두 다리의 길이가 같을까요? (인형의 두 다리의 길이를 잰다).

으왕~~~ 1개월 되었어요. 살짝 건드려 봐야겠어요

으왕, 으왕 ~ 2개월 되었어요. 아기가 손을 들어 올리는지를 조사해 봐야겠어요.

으왕, 으왕, 으왕 ~~몇 살일까? 3개월이랍니다. 아기가 눈동자를 돌리는지 살펴봐야 하겠어요. 아기가 오늘은 첫 나들이를 한답니다. 아기의 엄마와 누나는 바구니를 들고 공주님을 만나러 여행을 떠납니다. 바구니 속에는? "쉿, 아기예요" 공주가 바구니의 뚜껑을 열었을 때 아기는 깜짝 놀라서 울었어요. 으왕~~ 아기가 낯가림을 하네!

부모님은 이렇게 하세요.

아기는 모태의 자세대로 등이 둥글게 구부러져 있을 때 편안함을 느낍니다. 둥근 바구니에 눕혀 놓으면 아기가 가장 편안함을 느낀다고 합니다. 가능하면 아기를 안거나 유모차로 운반하지 말고 전신을 쭉 뻗을 수 있는 캐리어를 활용 하세요. 6개월이 지나면 전신마사지를 해주십시오.

기도로 마칩니다. "하나님 보시기에 아름다운 우리 아기들이 되게 하소서 예수님 이름으로 기도합니다." 아멘.

＊이스라엘에서는 출산한 엄마가 아기와 퇴원하려면 아이 아빠가 반드시 "아기바구니(쌀칼)"를 갖고와야 합니다.

21. 아기 기도의 놀라운 힘!

욥은 자연을 보는 시각이 독특했습니다. 그는 까마귀 새끼가 '까악 까악' 짖어대는 소리와 날개 짓에서 기도소리를 들었습니다. "까마귀 새끼가 하나님을 향하여 부르짖으며 먹을 것이 없어서 허우적거릴 때에 그것을 위하여 먹이를 마련하는 이가 누구냐"(욥 38:41)

까마귀 새끼의 소리에도 이렇게 귀를 기울이시는데 말을 더듬는 아기 입에 권능을 주시는 것이 당연합니다.

호주 UTS 대학의 연구팀에 의해 인간의 뇌파를 이용해서 전자제품을 제어할 수 있는 기술이 개발되었습니다. 뇌파란 마음속에서 투사되는 독특한 뇌 신호를 말하는데 사람이 눈을 감고 있을 때 가장 신뢰할 만하고 판독 가능한 뇌파가 발생한다고 합니다. 그런데 이 뇌파는 머릿속이 복잡할수록 약하다고 합니다. 머릿속 잡동사니들이 파장을 교란시키는 때문이지요. 아기들의 뇌파 에너지는 강렬합니다.

"주의 대적으로 말미암아 어린 아이들과 젖먹이들(children and infants)의 입으로 권능을 세우심이여 이는 원수들과 보복자들을 잠잠하게 하려 하심이니이다"(시 8:1~2) (마 21:16 참고)

발달에 따라 차이는 있지만 아기가 2개월쯤 되면 옹알대기 시작합니다. 아기는 옹알이를 통해서 입과 혀, 턱관절이 발달합니다. 곁에서 들어주고 반응해주면 아기는 언어가 빠르게 발전합니다.

💙 **스케치(sketch)**

1) '오른손, 왼손, 기도 손!' 을 반복해 보십시오.
2) "그의 오른손에는 장수가 있고 그의 왼손에는 부귀가 있나니 그 길은 즐거운 길이요 그의 지름길은 다 평강이니라" (잠 3:16~17) 라는 말씀으로 아기를 축복해 주십시오.

22. 예배가 아기의 심성을 착하게 합니다.

교회는 세상이 주지 못하는 영혼양육과 인성교육을 합니다. 자신의 과오를 돌이키는 죄의 고백과 감사의 기도, 나눔을 실천하는 헌금, 기쁨의 찬양, 공동체 모임을 섬기는 봉사, 옳고 바른 길로 인도하는 성경 이야기들이 사람의 마음을 착하게 순화시킵니다. 그리고 이러한 요소들은 우뇌를 발달시켜서 창의적인 사람을 만듭니다.

영국 소설가이자 철학자인 머독(Iris. Murdoch)은 단순히 조용히 앉아있는 것이 감수성을 발달시키고 긴장을 완화 시키는 진정효과가 있다는 말을 합니다. 그래서 그는 공부하기 전에 명상할 것을 강조했습니다.

영국의 교육자 레빗(Gina Levete)에 의하면 중동지역의 한 남학교에서 행해진 연구에서는 일년 동안 매일 명상을 실시했던 그룹이 명상하지 않은 그룹에 비해 인성면에서나 학문적으로 더 나은 수행능력을 보였음을 보고하고 있으며, 명상이 스트레스를 격감시키고, 혈압을 낮추는데 도움이 되었다고 합니다.

그는 7-18세의 학생들에게 4주 동안 명상 실험을 한 결과 어린이들이 눈에 띄게 조용해졌다는 점을 들어서 학교에서 아이들의 인성을 위해 명상 수업을 할 것을 권유했습니다. 교회에 오면 이러한 특전을 매번 누릴 수 있다니 얼마나 좋습니까!

♥ 스케치(sketch)

1) 아기 방에 벽지는 무슨 색깔입니까? 어떤 액자나 그림이 걸려 있습니까? 십계명이 걸려 있습니까?
2) 아이들은 기회만 있으면 낙서하기를 좋아합니다. 벽이든, 기둥이든 가리지 않고 낙서를 하지요. 벽에 커다란 마분지를 붙여주십시오. 마음껏 낙서 하게 하세요.

23. 1:1 개인레슨으로 배우는 천재학교 영아부

부모가 자녀에게 하는 성경 개인레슨은 몇 살까지 가능할까요? 어린이는 독립하게 되는 적당한 시기가 있습니다. 그 시기를 성경은 다섯 살 이라고 말씀했으며(레 19:23~25) 교육자들에 의해 이 진리는 더 분명하게 규명되고 있습니다.

이 세상에 어떤 학교가 부모와 자녀가 서로의 눈을 들여다보며 즐겁게 공부합니까? 영아부는 세상에서 유일한 학교입니다. 세상의 학생들이 공부하자고하면 달아나는데 선생에게 달라붙는 학생이 누구입니까? 영아부 아기들입니다.

아기의 타고난 능력 가운데 '달라붙기' 가 있습니다. 어머니의 젖꼭지를 찾아서 달라붙고, 아빠 바지에 달라붙어서 떨어지지 않습니다. 이것은 어쩌면 하나님께 달라붙기 위한 연습인지도 모릅니다. 그렇게 꼭 달라붙으려는 본능에 위협을 느끼면 아기는 '격리불안' 에서 오는 불안감을 느낍니다.

사 40:11에는 '어린 양을 팔로 모아 품에 안는다' 고 했습니다. 아기는 부모의 품에서 안정감을 느끼며 이때에 하나님께로 인도되어야 한다는 뜻입니다.

왜 우리의 성경은 평안을 묘사할 때 '젖 먹는 아이' 가 아니라 '젖 뗀 아이가 그의 어머니의 품에 있음' 같다고 할까요? 이 구절은 젖을 먹고 배부른 아이가 어머니의 품에서 만족해함을 말합니다. 아기에게는 엄마의 품보다 안전한 예배의 자리가 없습니다.

주일학교 탁아교육과정의 저자 발레리 윌슨(Valerie A. Wilson)은 "영유아 목회를 원하는 교회는 먼저 부모 목회를 해야 한다"고 말하며 "부모 교육이야말로 영아부의 실제적인 기능"이라고 했습니다. 그는 효과적인 영아부의 운영을 위해 다음과 같이 제안했습니다. "부모 교육은 가정에 투자하는 일이다. 교회는 영유아를 돌보는 일에 준비되어 있어야 한다." 이는 어른의 도움이 없으면 하루도 살아갈 수 없는 무능한 인간이 아기이며 부모가 배워야 가정에서 1:1신앙 양육이 가능해지기 때문입니다.

♥ *스케치(sketch)*

눈동자를 한 번 움직이는데 12개의 근육이 사용됩니다. 아기에게 말을 걸 때는 눈을 들여다보면서 말하세요.

　3세 미만의 영아기는 자아의식이 아직 형성되지 않아서 충동에 따라 멋대로 행동하는 통제불능의 시기입니다. 이 시기에는 관찰과 모방에 의해 도덕성이 길러집니다. "아, 조용히 해야지"라든지 "아, 돌아다녀도 돼"라는 판단은 이성이 아니라 관찰과 모방에 의해서 설정됩니다. 떠드는 한 아이를 묵인하면 떠드는 분위기로 몰아갑니다. 관찰과 모방 때문입니다. 유아들은 자신을 좋아해 주는 사람, 자기가 존경하는 사람, 신뢰하는 사람을 관찰하고 모방합니다. 어머니 말에 고집 피우고 안 들어도 교사의 말은 따른다면 선생님을 롤 모델로 설정했기 때문입니다. 롤 모델 형성은 꾸준한 출석과 만남이 이루어졌기 때문입니다.

　선생님의 단정하고 품위있는 자세는 아이들이 함부로 행동하지 않게 합니다.

어린이에게 진리의 중요성을 가르쳐 온 사도요한은(요이 1,2절, 요삼 4절 참고) 생명의 말씀을 들려주고 보여주고 관찰하게 하고 만져 보게 하는 것이 중요하다고 했습니다.

"태초부터 있는 생명의 말씀에 관하여는 우리가 a 들은 바요 b 눈으로 본 바요 c 자세히 보고 d 우리의 손으로 만진 바라"(요일 1:1)

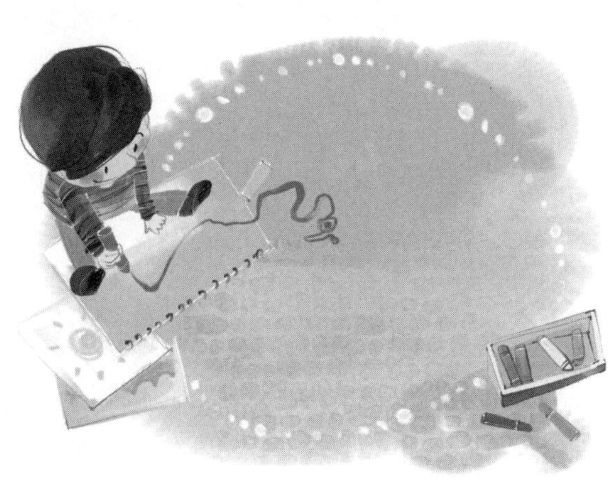

24. 예배에 잦은 결석이 두뇌와 사회성 발달에
　　미치는 영향

　아기는 1살이 지나면 놀이 친구를 찾게 되고 2살이 되면 모든 사물들에 이름이 있다는 것을 의식하고 이름에 흥미를 갖고 기억합니다. 이것은 사회성 발달의 시작을 알립니다. 세 살 미만은 모든 것을 자신과 연결 짓고 다른 사람의 요구가 자기와 같다는 생각을 합니다. 예를 들면 "엄마, 나 화장실 가고 싶어. 엄마도 화장실 가고 싶지?"라는 식입니다. 이처럼 자신과 다른 사람과의 태도나 관념이 발달되어 있지 않으므로 또래 그룹(peer group)이 필요합니다. 함께 어울려 놀이하는 가운데 '우리' 라는 개념으로 자기 밖의 존재를 알아가는 과정이 발전하게 됩니다. 3세 전후는 동성에 대한 애착을 갖습니다.

　그렇다면 기독교의 사회성이란 공교육이 지향하는 사회성 발달 프로그램과 무엇이 다를까요? 첫째, 예배에 자주 결석하는 만큼 잃는 것은 창의력과 영적 감수성입니다(주제 22번 참고). 둘째, 매주일 마다"예수님의 아기 아무개!"라고 이름을 불러주면 친구들의 이름뿐 아니라 기독교의 자아 정체성을 심어주는 신앙 공 개념 의식의 계기가 됩니다. 셋째, "성도의 서로 교통하는 것" 즉, 동질의 또래는 서로를 강화 시켜서 세상에 휘둘리지 않는 건강한 사회인을 만듭니다. 어떤 또래와 뭉치는가가 매우 중요합니다. 넷째, 사회를 황폐하게 만드는 심각한 독소는 이기심입니다. '나'로 시작해서 '나'로 끝나기 때문입니다. 그러나 기독교 사회성의 시초는 하나님으로 시작해서 사람으로 옮겨갑니다. '나'란 존재는 그 가운데 있습니다. 이러한 신념으로 가르치는 영아부에 꾸준히 출석하는 것만으로도 아이는 높은 의식을 가진 건강한 사회인이 됩니다. 이것은 꾸준한 노력이 필요합니다. 교회를 정해놓고 오래 다니십시오. 예배에 빠지지 않는 것만으로도 자녀는 건강한 사회인으로 도약할 수 있습니다.

♥ 스케치(sketch)

색종이로 고리를 만드세요. 엄마가 아이의 반 친구들의 이름이나 사진을 모아서 고리에 풀로 끊어지지 않게 이어 붙이세요. "대대손손, 우리는 교회의 일원이란다" 라고 들려주고 아이 방에 예쁘게 걸어두세요.

　'신앙고백'의 긴 문장을 3~4세 어린이가 노래로 암송합니다. 노래로 외우게 하는 것이 중요한 이유는 아기들은 언어보다 음율을 더 빨리 익히기 때문입니다. 음악 교육론의 대가 찰스 호퍼(Chagles R.Hofter)가 발표한 "심리학과 음악지도"에 관한 논문에 의하면 유아 심리학자들이 인지적 발달 영역과 감정적 발달영역만큼 관심을 갖지 않는 분야가 정신 운동적(psychomotor), 혹은 기술(skill) 학습분야라고 말합니다.[3] 정신 운동적 영역은 인지적, 감정적 영역을 능가하는 것으로 음악을 통해 가능한 교육입니다.

① 말씀을 노래로 암송하는 것은 아무리 반복을 해도 지루하지 않다는 장점이 있습니다.
② 어머니는 악보 없이 부를 수 있을 때까지 노력해야 합니다.
③ 젓가락이나 숟가락으로 그릇을 두드리거나, 저어 보게 하세요.

---

3) Charles R.Hoffer, Introduction to music education (Wadsworth publishing company.1983). p.191,

④ 피아노가 있으면 악보대로 건반 음을 짚어 주세요. 피아노의 건반 하나를 누르는데 512개의 근육운동이 필요하고 이러한 근육 운동은 신경조직의 말단부위까지 작동하게 합니다.

두 살 성민이는 성경책을 들고 옵니다. 교회 선생님이 오셨으니까 예배드릴 준비를 하는 것입니다. 성민이는 교회 선생님의 역할을 알고 있습니다.

4살 경훈이는 이웃 집사님의 전도로 엄마와 함께 영아부에 나온 지 한 달 쯤 되었습니다. 어느 날 경훈이 집에 전화했는데 마침 경훈이가 전화를 받고는 엄마에게 전화를 바꾸며, "엄마! 성경 보는 아줌마야"라고 합니다. 교회는 하나님을 예배하는 집이며 성경을 배우러 오는 곳임을 안다면 교회의 목적을 분명히 아는 것입니다.

"우리가 다 그의 충만한 데서 받으니 은혜 위에 은혜러라"
(요 1:16)

4장

영아부에 아기만 맡길까?
부모가 함께 할까?

아기의 신앙 교육은 교사가 아기를 직접 교육하는 방법과 부모를 통해서 어린이를 가르치기 위해 부모를 먼저 가르치는 두 가지 방법이 있습니다. 전자는 아이에게 교육(teaching)을 한다면 후자는 훈련(training)을 통해 양육(naturing)을 합니다.

3장은 17개의 주제(23~39)로 두 관점의 차이를 설명 드리겠습니다.

"집에 들어가 아기와 그의 어머니 마리아가 함께 있는 것을 보고"(마 2:11 요약)

25. 일관성 있는 생활모델

아기는 양육자 한 사람과 지속적인 관계를 맺는 것이 매우 중요 합니다. 요즘처럼 이른 조기교육을 위해 이곳저곳으로 옮겨지다 보면 사회성 발달의 기초라고 할 수 있는 모방의 대상이 없어진다는 것이 문제입니다.

맥스웰 몰츠(Maxwell Maltz)라는 의사는 인간의 심리적 기제의 형성은 어린 시절 양육자의 영향이 크게 작용하며, 두뇌에 깊이 새겨진 이 기제가 성장한 후에도 심리적 반응을 주도한다는 사실을 알아냈습니다. 그런데 유아기에 생활모델이 자주 바뀌면 이해력이 떨어지고 제멋대로 행동하기 쉽다는 것입니다. 모방기의 어린이에게 생활모델이 수시로 바뀌므로 받는 심리적 혼란은 학습에까지 영향을 끼치게 됩니다.

부모교육을 이론화한 미국의 교육심리학자 시먼즈(P. M. Symonds)는 부모로부터 버림받았다고 느끼는 아이에게 형성된 불신감은 나머지 발달 단계에도 영향을 미치기 때문에 배우자와의 관계뿐 아니라 하나님과의 관계 형성에도 큰 문제가 있을 수 있다는 말을 합니다. 교사와 부모의 가르침은 일관성이 있어야 합니다. 아이가 뭘 배우는지를 부모가 모른다면 아이는 혼란스러워 할 것입니다. 교회교육을 가정으로 연결할 때 얻는 피드백은 학습능률을 높여주며 또래 아이들을 둔 부모들과의 친밀감은 영아부의 조직을 강화시킵니다. 부모가 먼저 배워서 자녀에게 가르쳐 주는 것이 성경적인 순서입니다(창 17:26~27, 신 6:6~7 참고).

♥ 스케치(sketch)

1) 모방기의 자녀들이 얼마나 다양하고 많은 사람의 손을 거치고 있나요?

2) 3~4세 유아들이 부모와 떨어져서 예배를 드리도록 훈련하면 독립심이 발달합니다. 이런 좋은 점이 있음에도 성경과 교육자들은 왜, 하나같이 독립심보다 인성에 더 초점을 맞추려고 할까요?

26. 아기의 낯가림

　아기는 몇 개월에 어머니를 알아볼까요? 생후 3개월이면 어머니를 알아보게 되고 어머니의 모든 영향을 받게 됩니다. 4~6개월부터는 낯가림을 시작합니다. 8개월의 영아는 대인 관계를 의식합니다. 사회성이 시작되었다는 뜻입니다. 영아기의 사회성은 처음으로 관계를 맺는 가족들, 특히 어머니를 통해서 발달하는데 이 무렵의 아이를 혼자 떼어 놓으면 이 시기에 발달해야하는 사회성 발달에 심각한 장애를 주게 되고 이것은 다음 단계의 발달에 지장을 줍니다.

　생후 6개월 정도는 아기의 어리광이 표면에 나타나기 시작합니다. 부모의 관심을 끌려고 운다든지 어리광을 부립니다. 그런데 그럴 적마다 간식이나 우유를 먹은 아이들은 성인이 되어서 우울하거나 슬플 때 포식하는 습관으로 발전된다는 연구사례도 있습니다. 어른들은 아이가 울지만 않으면 기특하다고 여기지만 아기 입장에서는 자신의 욕구가 거절되는 상황에 단념하는 법을 배운 것일 수도 있습니다. 1년 미만의 아기가 어리광도 부리지 않고 혼자서 의젓하게 예배를 드린다면 충만한 창의적 소질이 소멸 되지 않을 까 걱정을 해야 할 것입니다. 감정이 풍부한 아이는 창의성이 발달합니다.

1) 왜, 유아부가 1월에는 우는 소동이 잦을까요?

2) 아이가 아빠와 엄마를 낯설어 하며 낯가림을 하지는 않
   나요?

27. 엄마의 품

부모와 아기가 눈을 마주보며 함께 배우면 정서를 치료하는 좋은 호르몬이 나옵니다. 아기 교육은 앎이 아닌 느낌에서부터 시작되는데, 아기를 성장시키는 가장 강한 느낌은 바로 사랑입니다. 아기를 안고 있는 어머니와 눈만 마주쳐도 어머니에게서 옥시토신이라는 일명 행복 호르몬이 다량으로 쏟아집니다. 아기와 부모가 함께 배우는 영아부는 '옥시토신호르몬' 생산지라고 할 수 있습니다. 의사소통이 어려운 유아들이 받는 심리적 스트레스는 엄마와 함께 있어도 치료가 됩니다. 옥시토신은 마음을 치료하는 중요한 호르몬입니다. 그런데 이 호르몬은 엄마가 아기를 앉아 줄 때 많이 나옵니다.

영아부 목회자는 아기와 부모의 신앙 교육을 동시에 해야 한다는 부담감을 떨칠 수 없음에도 부모 자신의 신앙과 생활이 내적으로나 외적으로 풍부하고 깊어지는 데에 초점을 맞춰야 하는 것은 부모는 물론 자녀를 위해서입니다. 세상을 이제 막 배우기 시작한 영유아들에게 하나님의 말씀을 반복해서 가르칠 수 있는 사람은 아이의 어머니뿐입니다(마 12:5~8 참고).

"그들이 이르기를 그가 누구에게 지식을 가르치며 누구에게 도를 전하여 깨닫게 하려는가 젖 떨어져 품을 떠난 자들에게 하려는가"(사 28:9)

♥ 스케치(sketch)

아빠가 '아기를 안아서 번쩍 들어올리기'를 해보십시오. 아기와 까꿍 놀이를 해보셨습니까?

모성의 기원

하나님이 여자를 지으실 때 남자의 가슴에서 지어 내셨습니다. 그래서 남자의 가슴은 텅비고 말았습니다. 그대신 하나님은 남자의 가슴에 털을 붙여 주셨습니다. 그래서 남자가 아기를 안고 다니면 아기의 EQ가 충분히 자라지 못합니다. 창 3: 20에 있는 여성의 대명사인 하와는 '모든 산 자의 어미' 라는 뜻입니다. 영적인 생명과 육적인 생명을 주는 사람이 여성입니다. 벼가 얼마나 가는지 들풀보다 연약합니다. 그런데 인간에게 가장 필요한 양식을 만드는 이 벼에게 강인한 생명력을 주셨듯이 하나님은 여성에게 강인한 모성애 즉, 생명력을 주셨습니다. 그런데 모성이 사라지는 세상에서 아이들이 자라고 있습니다.

　성인들이 영어 한 단어를 기억하기 위해서 얼마나 많은 실패를 반복하는지를 생각하면 말을 배우기 시작한 어린이를 이해할 수 있습니다. 혜린이의 엄마는 네 살 혜린이에게 시편 11:7 암송수업을 했습니다. "엄마를 따라 해봐요." "여호와는" "여호와는" "의로우사" "의로우사" 겨우 두 소절을 하더니 "싫어. 싫어. 하기 싫어" 하면서 달아났답니다. 혜린 엄마는 아이가 보는 앞에서 혼자 암송 하셨답니다. 어느 날 갑자기 혜린이가 "엄마, 나 외워 볼께" 하더니 시편 11편 7절을 끝까지 암송하였습니다. 엄마의 사랑이 아이의 능력을 키워줍니다.

28. 아기는 부모와 함께 있을 때 더 잘 배웁니다.

거의 대부분의 아기들이 일주일 동안 기관에 맡겨지는 현실에서 온종일 아빠 엄마와 함께 있는 곳이 교회라고 인식하면 아기는 교회에 어떤 이미지를 갖게 될까요? 예배 시간에 엄마 품에 안겨서 많이 안고 쓰다듬고 만져 줌으로써 외부의 자극을 받으면 아기에게는 어떤 일이 일어날까요? 자극은 아기의 뇌 속에 있는 감각 전달의 중추와 자율신경의 최고 중추가 있는 간뇌를 자극합니다. 신경 조직을 튼튼하게 만드는 것입니다.

아기들은 감각을 이용해서 새로운 개념과 정보를 발견하려는 본능이 있습니다. 아기의 뇌를 자극하는 감각 학습은 아기 혼자 배울 때보다 부모와 함께 있을 때 더 발달합니다. 자극을 주는 사람이 있으면 더 잘 배운다는 뜻입니다. 영유아의 발달 단계를 고려하지 않은 일방적인 격리는 자칫 아기의 발달을 저해할 수 있습니다. 영유아기는 어린이에게 부모와 떨어져 자립(自立)하라고 요구할 단계가 아니라는 뜻입니다. 아기가 부모의 품에서 떨어지는 데에도 단계가 필요합니다.

그런데 문제는 어린 자녀를 둔 부모들이 영아부 예배만 드리고 돌아가는 경우로 인해 교회와 영아부는 갈등 합니다.

예수님은 성전 안에서 안식을 범하는 것은 죄가 아니라고 하셨습니다(막 4:28, 마 12:2~8 참고).

아기와 함께 지내는 날이 주일이라면 아기는 최고의 안식일이 될 것입니다.

♥ 스케치(sketch)

돈 버는 것보다 양육이 더 어려운가요? 아마추어 엄마가 키우느니 유아원의 교육 전문가에게 맡겨 키우는 것이 낫다고 생각하십니까? 자녀에게 신앙교육을 해주는 곳이 영아부외에 어디에 있습니까? 일주일 중에 주일은 부모가 아기와 함께 있는 시간을 가져 보십시오.

29. 탁아와 양육의 차이

대규모 공연장에 가면 '고객을 위한 편의 시설' 이란 것이 있습니다. 카페테리아나 자료실을 운영하기도 하지만 가장 호응이 좋은 것은 아이를 맡길 수 있는 '놀이방' 시설입니다. 이런 고객 서비스에 익숙해진 탓일까요? 교회에서 영아부를 '크리스천 고객을 위한 편의 시설' 로 여기는 분들이 더러 있습니다. 하지만 영아부가 단지 성인 예배를 위한 '서비스' 에 불과하다면 예배는 부모 대행업이라는 영업 행위 그 이상도 그 이하도 아닙니다. 부모는 아기를 영아부에 맡기고 번호표를 들고 예배에 들어가면 되고 빈손으로 교회에 나와도 불편함이 없습니다. 그러나 과연 이것이 하나님을 섬기는 올바른 방식일까요? 우리가 잊지 말아야 할 것은 하나님은 젖먹이와 어린아이도 예배자로 보신다는 사실입니다. 그런데 유아에게 가장 좋은 예배 환경은 "어머니와 같이 있는 것"입니다. 탁아가 이상적인 인간 교육이기 때문에 지향하는 교육이 아니라 현실의 산물입니다. 시설에서 길러지는 아동들의 인격에는 기독교 입장이 아닐지라도 부정적인 면이 더 많다는 지적을 합니다. 아기는 단지 엄마와 함께 있기만 해도 뇌세포가 활발하게 발달합니다.

* 삼위일체육아법 172~204쪽을 참고하세요.

♥ 스케치 (sketch)

물 마시기 전과 마시고 나서, 간식 먹기 전과 먹은 후, "감사합니다"라고 고개 숙여서 감사를 표현하나요?

부모교육 시간을 방해하는 방해꾼들을 제압하는데 실패하셨다면 이렇게 하십시오.

부모교육 학습지를 나눠 드려서 집에 가서 해오도록 숙제를 드리십시오. 교사는 숙제점검에만 주력하십시오!

'스티커 붙여주기'로 점검을 하고 격려 드리고 마치세요!

부모님은 아기를 재운 후 조용한 시간에 숙제를 하고 주무십시오.

30. 효과적인 교육방침

요즘 부모들은 자녀가 아장아장 걷기 시작할 때부터 어떻게 키워야 할지조차 몰라 쩔쩔맵니다. 그래서 TV 프로그램이나 전문가 상담에 의존합니다. 이런 현실에서 교회의 어떤 역할을 기대하십니까? 교사가 아기를 한번 교육하는 시스템보다는 부모가 배우면 일주일을 가르칠 수 있는 방침이 좋지 않습니까? 영아부에서 자녀교육 세미나를 주최하고 참여율을 높이려면 주중이 아니라 주일에 하는 것이 효과적이라는 것은 이미 다 아는 사실입니다. 이런 점에서 부모 교육을 하는 영아부는 매주일 자녀교육 세미나를 여는 것과 같은 효과를 봅니다. 편지, 쪽지, 전화가 아니라 '일대일 만남'을 통해서 말이지요.

교회 교육 전문가인 아이리스 컬리(Iris V. Cully)는 "영아부가 단지 부모가 예배나 어떤 모임에 출석하기 위해서 아기를 맡기는 장소가 되어서는 안 된다"는 말을 했습니다. 하나님은 예루살렘을 "젖을 빨며 옆에 안기어 무릎에서 노는"(사 66:12) 어린아이에 비유하셨습니다. 아기의 안식은 어머니의 품 안에 있는 것이 최고의 안식입니다.

1) 영아부와 회중예배, 어느 쪽을 택하든지 영적 갈등과 미련은 남기 마련입니다. 담임목사의 설교를 듣기 위해서 어떤 노력을 하십니까?

2) 이번 주에는 베란다나 거실 구석에 아이 작업실을 만들어 주십시오. 커튼이나 커다란 박스가 좋습니다. 그 안에 낙서할 수 있는 작은 칠판을 걸어 주십시오(4세).

31. 어머니의 무릎

코메니우스(J.A.Comenius)는 "7살까지는 어머니 무릎에서 교육을 받아야한다"고 주장했습니다. 엄마의 품이 마주보는 교육이라면 무릎은 한 방향을 바라보는 교육이라고 할 수 있습니다. 뇌 과학에 의하면 0~7세는 두뇌가 최고로 발달하는 시기입니다. 다른 사람의 말을 이해하는 두뇌영역이 빠르게 발달하기 때문에 학습이 가능해 지는 나이입니다. 아이의 인성과 두뇌는 어머니의 무릎에서 발달한다는 코메니우스의 이론은 성경이 주는 암시에서도 찾아볼 수 있습니다.

"...수소나 양이나 염소가 나거든 이레 동안 그것의 어미와 같이 있게 하라 여덟째 날 이후로는 여호와께 화제로 예물을 드리면 기쁘게 받으심이 되리라 암소나 암양을 막론하고 어미와 새끼를 같은 날에 잡지 말지니라"(레 22:27~28, 신 14:21 참고)

위의 말씀이 한갓 미물들에게만 적용될까요? 어미로부터 분리시키는 무정함, 몰인정, 무자비는 하나님이 없는 세계라고 하셨습니다(삼하 26:27, 시 18:25, 롬 1:31, 딤후 3:3 참고).

무정함은 두뇌를 경색시키고 판단력을 상실시킵니다. 세계의 대부분 아동들은 8세에 의무교육에 편입되도록 짜여져 있는 것은 우연이 아닙니다.

* '이레(7일)' 란 완전하게 채워지는 완전수라면 8은 이 완전을 초월하는 초월수입니다.

♥ 스케치(sketch)

아기를 안을 때는 허리를 구푸려서 안아 올리지 말고 무릎을 꿇고 무릎으로 아기를 안아서 올리십시오(김수연의 아기 발달 클리닉).

32. 힘차게 돌아가는 발전소의 소음대책 세우기

영아부는 늘 시끄럽습니다. 15개월이 지난 걸음마 단계의 아기들은 어머니가 공부하도록 참아주지를 않습니다. 잠시도 가만히 있지 않고 돌아다닙니다. 아이는 응석받이가 되기 쉽고 울고 보채느라 사실상 수업진행이 어려워지는 경우가 종종 발생합니다. 영아부의 소란스러움을 놓고 이것이 요동치는 생명의 충만함이요, 예수 그리스도의 몸 된 교회의 세포를 생산해 내는 발전소와도 같으니 힘차게 돌아가는 발전소는 소리가 큰 법이라며(마 21:14~16 참고) 수수방관 할 수는 없습니다. 대책이 필요합니다. 예배와 교육에 임하는 부모의 마음가짐이 분위기를 만듭니다. 지각 하거나 잦은 결석은 아이의 마음을 산만하게 하는 주된 요인입니다. 우선은 지각, 결석하지 않겠다고 스스로 다짐하셔야 합니다.

♥ 스케치 (sketch)

1) 실내에는 아기들의 울음을 멈추게 하는 물소리가 있습니까?

2) 어린이가 허용되지 않은 행동을 할 때 '안돼요' 라고 단호히 거절하십니까? 3세 미만의 아이에게 매를 드십니까?

* 매는 교정의 최종수단입니다. 잠언은 교정을 할 때는 훈계 -> 징계 -> 체벌의 순서를 지키라고 합니다.

체벌할 때의 주의 점

1) 도구를 사용 할 것

2) 등을 때릴 것(잠 26:3) 뒤로 돌아 선 자세를 의미합니다.

3) 아이 자신이 왜 맞는지 아는 것이 중요 합니다

4) 화가 난 상태에서 매를 들어선 안됩니다.

5) 체벌은 언어소통의 수단입니다. 말귀를 알아듣는 나이가 되면 대화로 해결하십시오.

　　5살 미라는 시장이나 수퍼에 갈 때 엄마를 따라 나섭니다. 무거운 것도 곧잘 들어 줍니다. 하지만 미라 어머니는 그동안 장에 갈 적마다 가족의 생필품에 급급해서 아이가 갖고 싶어하는 작은 인형 한 개도 손에 들려주지 않았다고 합니다. 그런 미라가 보는 대로 사 달라고 조르기 시작했습니다. 완구점이나 수퍼 앞을 피해서 다녀야 할 지경에 이르렀습니다. 자기에게 아무 상관도 없는 자동차 타이어, 야쿠르트 아줌마가 끌고 다니는 차를 사 달라고 떼를 씁니다. 길가에 커다란 짐을 잔뜩 실은 트럭이 서 있었습니다. "엄마 저건 뭐야" "응 오비 맥주야" 그랬더니 "엄마 나 오비맥주 사줘"라는 것입니다. 미라의 욕망이 왜 이렇게 커졌을까요?

금곡에서 목회하시는 목사님의 네 살 된 딸아이가 밥을 먹으며 몸을 옆으로 흔들며 자랑합니다. "우리 아빠 젓가락으로 먹는다." 사람들이 아무 반응이 없자 큰소리로 또 말합니다. "우리 아빠는 젓가락으로 먹는다!" 젓가락 사용이 서툰 네 살 아이의 눈에는 노련하게 젓가락을 사용하시는 아빠가 대단히 위대해 보였나 봅니다.

강완순 전도사님의 조카 되는 네 살 사내아이는 입버릇처럼 이런 말을 합니다. "난 이담에 커서 아빠처럼 될 거야." 그 애 아빠는 입사한지 오래 되지 않은 공무원입니다. "왜 아빠처럼 되려고 하니?"라고 물었더니 아빠 자랑을 합니다. "우리 아빠 뼈다귀도 씹어서 삼킨다. 나도 아빠처럼 그런 사람이 될 거다"라는 것입니다. 생선 가시를 무서워하는 아이는 생선뼈를 씹어 삼키는 아빠에게 감탄 한 것입니다. 부모는 그 존재만으로도 아이에게 '되고자' 하는 꿈을 꾸게 합니다.

아기는 아버지의 강함에서 하나님의 전능하심을 배우며 사랑하는 어머니의 위로와 사랑을 통해서 하나님의 사랑을 배울 수 있습니다.

33. 유아 세례의 약속 기억하기

유아세례는 아브라함이 하나님의 명령에 순종해서 아들이 태어났을 때 생후 8일째 날에 행한 할례 식에 근거해서 시행하는 예식입니다. 그러니 유아세례는 기독교 역사에서 가장 오랜 전통을 가졌다고 볼 수 있습니다. 유아 세례식에서 부모는 하나님이 주신 자녀를 맡아 기르는 청지기로서의 의무를 수행하겠다는 선언을 하게 됩니다(눅 2:41~42 참고). 유아세례는 아이의 아버지나 어머니 중에 한분이 세례교인일 때 보증인의 자격이 주어집니다. 아래의 문답내용을 읽고 대답하시기 바랍니다.

⑴ 그대는 이 아이를 예수 그리스도의 피로 씻음과 성령의 새롭게 하는 은혜의 필요를 인식하느뇨?

⑵ 그대는 이 아이를 위하여 하나님의 언약의 허락을 앙모하며 자신의 구원을 위하여 진력하는 것과 같이 이 아이도 주 예수 그리스도를 신뢰함으로 구원 얻을 줄 믿느뇨?

(3) 그대는 지금 완전히 이 아이를 하나님께 바치며 겸손한
    마음으로 하나님의 은혜를 의지하며 친히 경건한 본분을
    이 아이에게 보이기를 진력하며 이 아이를 위하여 기도
    하며, 이 아이와 함께 기도하며, 우리 거룩한 종교의 도
    리를 가르치며 하나님의 지시하신 모든 기관에서 전력하
    여 이 아이를 주의 양육과 교훈에서 자라게 하기를 서약
    하느뇨?

♥ 스케치(sketch)

    하나님과 교회 앞에서 저희 부부는

    "이 아이를 하나님의 사람으로 잘 양육하겠다" 는 보증을
    하였습니다. ＿＿＿＿＿＿＿＿가 장성한 후에 저희 부부가 한
    이 언약을 아이가 자신의 믿음으로 받을 수 있도록 신앙교육
    에 힘써 노력할 것입니다.

34. 부모는 자녀의 신앙 보증인

유아세례는 만 2세 미만인 아기에게 그 부모의 신앙을 담보로 하여 세례를 주는 예식입니다. 교회와 부모가 공동 보증인이 되어 베풀어지는 것이 유아 세례입니다. 그러기 때문에 자녀가 장성한 후에 부모가 한 언약을 거부하지 않고 믿음으로 받을 수 있도록 부모와 교회는 자녀의 신앙교육에 힘써야 합니다. 이삭이 언약의 자녀가 되기 위해 그의 부친 아브라함이 먼저 할례를 받음으로써(창 17:23~26) 아버지의 부정을 먼저 제거했듯이 부모의 훈련과 교육이 선행되어야 합니다. 영아부는 이 중요한 사역의 출발 지점이며 영아부의 부모교육이 우선해야 하는 근거입니다.

"그렇지 아니하면 너희 자녀도 깨끗지 못하니라"(고전 7:14)

유아세례의 사진을 여기에 붙이세요.

1) 보증인에게는 어떤 책임이 따릅니까? 유아세례식에서 한 서약을 기억하십니까?

2) 아이의 생명은 부모가 아니라 하나님의 소유임을 알아서 아이 앞에서 겸손하며 아이에게 함부로 대하지 않을 것을 다짐합니까?

3) 아이를 위하여 기도하십니까?

4) 아이와 함께 기도합니까?

5) 아기는 세례를 받으므로 기독교 신앙 공동체의 일원이 됩니다. 주일은 자녀가 믿음의 공동체에 들어와 연합해야 합니다. 자녀에게 기독교의 도리를 가르치기 위해서 신앙 교육기관에서 훈련을 받게 하십니까?

6) 말과 행동에서 경건한 본을 보입니까? 주의 교양으로 훈계하십니까?

세례 준비

1. 교회에 세례 신청서를 제출해야합니다.

2. 세례 받는 날짜를 영아부와 친지에게 알립니다.

3. 아기에게 입힐 흰옷을 준비 합니다

4. 문답공부에 출석해서 유아세례의 목적과 부모의 의무를 배워야 합니다.

5. 세례식 전 날은 부모와 아기가 깨끗이 목욕을 하고 옷을 준비합니다.

6. 아기의 세례에 참석하신 분들 중에 축복 문을 적을 방명록을 준비합니다.

7. 세례식을 마친 후 청중에게 할 감사의 말을 종이에 적어두고 연습합니다.

8. 하나님께 드릴 감사의 예물을 정성껏 준비해 둡니다(진심과 정성).

세례식 아침

1. 일찍 일어나서 새벽 기도회에 참석하여 마음준비를 합니다.

2. 정장을 차려입고 출발합니다.

3. 축복 문을 적는 방명록이나 카드를 잘 챙깁니다.

4. 준비해둔 감사의 인사말을 적은 쪽지를 잘 챙깁니다.

5. 세례식장에서 아기가 울지도 모르니까 입에 물리는 젖꼭지를 주머니에 넣고 출발하십시오,

세례식

1. 아버지는 세례식에서 성경을 읽는 특권이 주어집니다.

2. 준비한 감사의 예물을 하나님께 정성껏 드립니다.

3. 목사님이 문답 질문을 할 때와 아기의 이름이 회중 앞에 선포될 때 큰소리로 '예!' 라고 대답해야 합니다.

4. 기념사진을 촬영하고 기념증서를 받아서 잘 보관합니다.

미국 소아과학회(AAP)는 2012년 공식 저널을 통해서 질병 예방 차원에서 포경 수술이 좋다는 입장을 밝혔습니다. 2013년 10월 세계보건기구는 할례가 자궁경부암과 에이즈 예방에 효과가 있다고 발표했습니다.

의학자 홀트(I.L.Holt)와 맥린토시(R.McIntosh)는 신생아의 혈액 속에는 모체로부터 받은 항독소 즉, 질병과 싸우는 인자들이 많아서 세균감염에 상당한 보호를 받지만 혈액을 응고시키는 인자들은 8일이 되어야 증가하므로 혈액응고에 필요한 인자들이 부족한 생후 2일부터 5일 사이에 과다 출혈이 일어나면 내장과 뇌손상 빈혈 혹은 쇼크사의 위험이 있다는 말을 합니다. 만약 2~7일 사이에 포경수술을 하면 혈액응고 인자들이 부족하고 8일이 지나면 항체가 감소하기 시작하므로 감염의 위험이 높아집니다. 그런데 7일이나 9일이 아니라 이 두 조건의 교차점에 이르는 날이 8일째 되는 날이라고 합니다.[4]

---

4) M.R.De Haan, '하나님의 과학' 130~132면(말씀과 만남.1995).
   이종훈 이노균 공저, '성경 속 의학이야기' 174면(새물결플러스.2015).

5장

아기를 알면 키우기가 쉽습니다

아기는 어떤 존재일까요?

아기들은 저마다 유전, 환경에 깊은 관계를 가지고 일정한 순서나 방향으로 발달(development)합니다.

'성장(Growth)'이 신체적, 생리적으로 모든 면이 자라는 것이라면 '발달(development)'은 질적인 변화로써 정신적, 행동적 기능의 변화를 말합니다. 성장과 발달을 통합하여 '성숙(maturation)'이라고 합니다. 아기로 오신 예수의 유아기 성장과 발달을 표준으로 삼고자 합니다.

"아기가 자라며 강하여지고 지혜가 충만하고 하나님의 은혜가 그 위에 있더라"(눅 2:40)

35. 신체

"아기가 자라며 강하여지고"(눅 2:40)
"강보로 싸서 구유에 뉘었으니"(눅 2:7, 12)

아기 시절을 기록한 예수님의 발달 순서에 주목해 보십시오(눅:40). 영아기에 가장 중요한 발달은 신체 발달입니다. 신체는 모든 발달의 기초가 되기 때문입니다.

인간의 몸은 평균 만 18세까지 계속 자라나는데 특히 0~3세까지의 성장 속도가 가장 빠릅니다. 생후 1년 동안 자라는 키가 평균 22cm에 달합니다. 3살이 될 때까지 급속도로 자랍니다.

아기가 건강하게 자라는 조건 중에 스킨쉽이 매우 중요합니다. 아기를 강보로 쌌다는 것은 아기 마사지를 해주었고, 구유에 뉘었다는 것은 몸을 쭉 펴 주었음을 의미합니다. 이러한 자극은 신경 세포를 자극하고 활성화하며 신경 과정을 시작하도록 하는 기초 에너지로서 중요한 역할을 합니다. 아기의 감각을 자극시켜 주면 그만큼 신경세포가 발달하여 각 기관의 협응(coordination)능력이 발달합니다. 감각 통합은 몸의 흔들림(진동), 소리, 접촉, 느낌, 냄새, 근육 활동 등이 통합

적으로 조직하고 묶이는 것을 가리킵니다. 아기에게는 먹고
자고 배설하고 꼼지락거리는 행위 모두가 중요한 학습 단계
로서 감각을 통합하는 훈련입니다.

♥ 스케치

1) 6개월이 지나면 엄마로부터 물려받은 면역이 없어지기 때
   문에 7개월부터 2세는 감염증에 걸리기 쉬운 시기입니다.
   일기변동, 환경, 위생에 잘 적응못하는 시기에 마트여행은
   삼가십시오.
2) 키와 무게를 기록해 두셨나요? 날짜를 기록해 두셨습니까?

마리아의 강보

성경시대의 엄마들은 순전한 면에 하나님말씀을 수놓아서 성경두루마리를 만들었습니다. 아기가 태어나면 강보로 사용했습니다. 아기를 강보로 꽁꽁 싸주면 신체의 자리를 잡아주고 집중력과 각성효과가 높아진다고 합니다. 옛날 우리 조상들은 아기가 놀래서 몸이 움직여지지 않게 하려고 팔과 다리를 천으로 꽁꽁 싸맸습니다. 아기는 낯선 소리나 자신의 몸이 움직일 때 그 움직임에 놀라는 경우가 있기 때문입니다. 1~3개월 전까지는 잘 때도 아기를 천으로 잘 감싸서 재우는 것이 좋습니다.

엄마 뱃속에서 9개월 반 동안 접혀져 있던 아기 몸은 태어나서 당분간은 그 상태로 유지시켜주는 것이 좋습니다. 다리를 쭉 뻗게 하는 쭉쭉이 마사지를 무리하게 하지 마십시오. 아기는 알아서 서서히 곧게 펴려는 노력을 합니다. 피부 감각을 자극시킬 때는 엎어놓고 등을 많이 마사지해 주십시오.(김수연, '아기발달백과' 참고).

36. 정서

"아기와 그의 어머니 마리아가 함께 있더라"(마 2:11)

갓난아기가 어떻게 성경의 진리를 배울 수 있을까요? 아기는 언어, 즉 의사 교환을 통해 배우는 것이 아니라 비언어적인 정서의 영역을 통해 배웁니다. 행동주의 심리학자 왓슨(J. B. Watson)은 영아의 기본정서를 공포, 분노, 애정으로 보았습니다. 이중에서도 양육자인 부모가 베풀어 주는 사랑이 가장 기본이 되는 정서입니다.

아기 곁에는 부모가 항상 함께 있어야 합니다. 그래야 낯선 세상에서 자신이 보호받고 있음을 알고 만족할 수 있습니다. 생후 1년이 될 때까지 아기에게는 보호받고 있다는 안정감이 가장 중요합니다. 이것이 충족되지 않으면 장기적인 정서 불안의 요인이 됩니다. 아기의 곁에서 계속적으로 말을 걸어 주면 아기는 세상과 사람에 대한 신뢰감을 갖게 됩니다.

아기의 욕구에 대한 양육자의 반응이 매우 중요합니다.

아기가 울 때 즉시 안아주면 아기는 양육자에 대한 사랑과 신뢰를 쌓습니다. 4살이 되면, 일단 '울음'이 줄어듭니다. 울음이 줄었다는 것은 자신의 의사를 언어로 표현할 뿐만 아니라 다른 사람의 말도 알아듣고, 감정 조절이 어느 정도 가능하며 참을성도 생겼다는 뜻입니다.

후각은 정서발달에 중요한 요소입니다. 예수의 신생아시절, 동방 박사들은 "아기께 경배하고 보배합을 열어"(마 2:11) 보여 드렸습니다. '열어서' 보여 드렸으니 유향과 몰약의 향기가 온 방안에 가득했겠지요.

♥ 스케치(sketch)

수유하거나 목욕을 시킬 때에 마사지하며 말걸기를 해보십시오. 찬송가 542장 후렴 찬송을 반복해서 들려주십시오. "예수 예수 믿는 것은 받은 증거 많도다. 예수 예수 귀한 예수 믿음 더욱 주소서" 아멘.

37. 인지

"지혜(wisdom)가 충만하고"(눅 2:40)

많은 부모님들이 '조기교육' 하면 지식중심 교육을 생각합니다. 12개월도 채 되지 않은 아기를 위한 학습지가 있을 정도 입니다. 그런데 왜 우리의 성경은 두뇌 발달에 관한 설명에서 '지식(knowledge)' 이 아니라 '지혜' 라는 단어를 사용할까요? 지식이 앎의 교육이라면 지혜는 앎을 활용하는 능력을 뜻합니다.

히브리어에서 지혜를 뜻하는 '호크마' 는 "아는 것이 힘"이 아니라 "아는 것을 활용하는 힘"을 뜻합니다. 되로 배워서 말로 활용하는 능력입니다. 그러려면 한 가지 기본 원리를 반복해서 확실히 이해시켜야 합니다. 적게 가르쳐야 합니다. 대충, 많이 가르치는 것은 소용이 없습니다. 예수님은 적게 배웠다는 뜻입니다. 이번에는 '충만' 이라는 단어에 주목하십시오. 이 말씀이 나오기 전에 아기에게는 어떤 일들이 있었습니까? 아기에게 어른들이 무엇을 해 주었나요? 엄청난 축복식입니다. 신앙의 사람들과의 접촉입니다.(눅 2:20, 21, 22, 23, 23, 25)

성경은 새로운 교훈을 가르칩니다. 지혜와 지식과 명철은 여호와를 경외할 때 얻을 수 있다고 말입니다(잠 9:10). (잠 1:7, 시 111:10, 시 112:1~3). 하나님을 가까이할수록 그분의 지혜와 지식을 닮게 되기 때문입니다. 이것이야말로 세상 사람들이 모르는 비밀입니다. 어린이에게 성경을 가르치기 전에 우선 성경책을 사랑하는 마음을 심어 주고 책을 어떻게 다루어야 하는지를 가르치는 것이 좋습니다. 성경책을 조심스럽고 소중하게 다루는 것을 보면 아이는 성경을 '특별한 책'으로 여깁니다. 책을 사랑하는 그 자체가 인지 발달을 촉진시킵니다.

♥ 스케치 (sketch)

1) 교회에 오면 아기가 영아부실을 혼자서 찾아옵니까?
2) '책장을 넘기는 놀이'를 해보십시오. 1권의 책을 서너 번 읽어주십니까?

　　40개월 아이에게 성경책을 읽어주는 것이 좋은 방법일까요? 아기에게 언제부터 어떤 방법으로 읽어주면 좋은가요? 인물 중심 성경 동화로 접근하면 되나요?

　　아이에게 책을 읽어주는 자체만으로도 좋습니다. 아이들은 소리에 관한 뇌의 선이 연결되어 있어서 음소를 명확하게 구분하는 능력이 발달한다고 합니다. 청각신경은 임신 6개월, 시신경은 생후 6개월에 완성됩니다.

　　성경동화나 잠언, 십계명과 같은 교훈을 반복해서 읽어주면 좋습니다. 성경 읽어주기는 어린이 성경보다 일반성경을 읽어주는 것이 좋습니다. 뜻이 다르게 전달되는 부분이 있기 때문입니다.

　　18개월부터는 청각과 시각을 통해서 모든 사물에 이름이 있다는 것을 깨닫게 됩니다. 뇌가 들어온 정보를 연결하고 통합하는 기초 작업을 시작했다는 뜻입니다. 뇌 과학자들에 의하면 감각 및 운동부위는 5세가 되어야 미엘린(myelin=뇌의 신경섬유를 싸고 있는 지방 성분으로 신경섬유를 빠르게 흐르도록 돕는 작용)화 된다고 합니다.

　　독서에 필요한 뇌는 7세가 지나야 합니다. 책읽기는 문장이

해, 기억과 경험을 끄집어내야하고 뇌가 지닌 정보, 시각과 청각, 언어와 감정을 연결하고 통합하는 매우 복잡한 과정을 거쳐야 합니다(고영성, "부모공부" 소제목 : 우리아이 잘 기르고 있는 걸까? 스마트북스 참고).

38. 사회

"하나님과 사람에게 더욱 사랑스러워 가시더라"(눅 2:52)

"아이 사무엘이 점점 자라매 여호와와 사람들에게 은총을 더욱 받더라"(삼상 2:26)

이 말씀을 유의해서 보시기 바랍니다. 성경은 사회성의 순서를 인간 그리고 하나님이 아니라 하나님으로부터 시작해서 그 다음에 인간으로 확대하고 있습니다. 하나님을 신뢰하고 경외하는 신앙은 좋은 사회인이 되는 기초입니다. 하나님을 섬기듯이 사람을 섬긴다면 누구라도 최고의 사회인이 될 수 있습니다.

영아기의 사회성은 처음으로 관계를 맺는 가족들, 특히 어머니를 모방함으로써 서서히 발달합니다. 조기교육을 위해 이곳저곳으로 옮겨지다 보면 사회성 발달의 기초라고 할 수 있는 모방의 대상이 없어지게 됩니다. 그러면 아기의 심령에 공포와 불안이라는 정서가 싹틀 수 있습니다. 영유아의 사회성 발달에 가장 중요한 자극은 양육자인 어른과 또래들에게서 받습니다. 영아부는 또래는 물론 형, 동생들과 어른들을 만나는 폭넓은 기회입니다.

1) 3,4세 어린이는 친구 이름을 기억하는지 관찰해 보십시오.

2) 아이들은 감정조절이 미숙하므로 변덕이 심합니다. "안 놀 거야!"라고 말하지만 금세 화해하고 사귑니다. 여러분은 어떤 경우에"그애 하고 놀지마!"라는 극단적인 명령을 합니까? 그 명령은 아이를 건강한 사회인으로 만드는데 정말 유익한가요?

* 질투는 사회에 적응 못하는 고립된 인간이 될 수 있습니다. 태어난지 2~3개월만 되어도 불쾌, 유쾌의 감정을 안면에 드러내고 5~6개월이면 분노, 혐오, 공포를 있는 대로 소리 지르는데 3살이 되면 다른 어린이들과 함께 놀지 않으려 한다든지 눈 흘김, 고자질, 엄마 모욕주기, 보복 등의 행동 개시로 질투를 강하게 드러냅니다. 질투는 주로 외향적인 아이, 장남보다는 동생에게서 심한편입니다. 질투심을 건전한 열정과 도전으로 이끌어 주면 도약의 계기가 됩니다. 그러려면 아이의 마음을 읽는 훈련이 필요합니다.

39. 도덕

"요셉은 의로운 사람이라(righteous man)"(마 1:19)

도덕적으로 해이한 사람은 어느 누구하고도 좋은 관계를 오래 지속하지 못합니다. 도덕성은 인간의 됨됨이를 형성시키는 중요한 발달 과제입니다. 도덕성은 언제 형성되는 것일까요? 도덕관념이란 "스스로 형성하는 것이 아니라 중요하다고 생각하는 사람과 그리고 사회 규범을 배우고 익히는 과정에서 형성된다"고 도덕학은 말합니다. 영아가 여러 사람에 의해 양육되는 것이 바람직하지 않은 이유가 여기에 있습니다. 예수님은 영아 시절에 일관성 있고 체계적이고 분명한 틀을 가진 부모의 슬하에서 양육 받으셨습니다. 피아제는 0~2살의 영아기는 자아의식이 아직 형성되지 않은 탓에 충동에 따라 멋대로 행동하는 통제 불능의 시기이며, 이 시기에는 관찰과 모방에 의해 도덕성이 길러진다고 했습니다.

3~4살이 되면 규범에 대한 인식은 없지만 관찰한 대로 모방하고 행동하는 시기로 피아제는 이때를 도덕적 실재론(Moral Realism)의 시기라고 불렀습니다. 이 시기에는 규범이 절대적으로 필요합니다. 규범을 어겼을 경우에는 어떻게

책임 있는 태도를 보여야 하는지도 가르쳐야 할 때입니다. 피아제의 인지이론을 도덕성 발달에 적용한 콜버그는 3~7살 아이가 순종하는 것은 처벌을 피하기 위해서이며 보상을 받을 때는 자신의 존재 가치를 느낀다고해서 이 시기를 '처벌과 복종 지향의 단계'라고도 부릅니다(인습 이전의 도덕 수준; pre-conventional level)

♥ 스케치(sketch)

아이의 우수한 학업성적보다 선행을 했을 때 더 많이 칭찬하십니까?

"비옥한 밭이 가시나무와 엉겅퀴를 더 많이 생산해 낼 수 있는 것처럼 탁월한 마음에 도덕이라는 씨앗을 뿌리지 않으면 변덕스러운 생각으로 가득 차게 될 것이다."(코메니우스)

예수의 부친 될 사람으로 요셉을 택하신 하나님의 이유를 요셉의 어떤 점에서 찾아볼 수 있을까요? 마 1:19과 창 18:19 비교해 보십시오.

십계명을 써서 거실에 붙이는 작업을 해 보십시오. 십계명을 노래로 들려주십시오. 십계명 음반 CD에 있습니다.

4살 영실이는 영아부의 물건을 집으로 가져가겠다고 떼를 씁니다. 이때 손에 쥔 것을 강제로 뺏으려 하지 말고 내 것 남의 것을 구분하는 훈련이 필요합니다.

"만약 네가 제일 아끼는 곰 인형을 네 허락도 없이 친구가 가져간다면 네 기분은 어떠니?"

"네가 친구에게 '가져가도 좋아' 라고 하면 가져가도 되지만 네가 "안돼! 그것은 내거야"라고 하는데도 친구가 가져간다면 네 기분이 어떨까?"

"이것은 교회의 물건이란다. 선생님께 물어볼까? 선생님이 '이것은 모든 친구들의 것이에요. 집으로 가져가면 안되요' 라고 하시면 너는 어떻게 해야 하지?"

"어느 것이 옳은지 네가 결정해라"

때릴 상대가 있다면 모태에서도 격투를 합니다(창 25:22 참고). 채 돌이 되지 않은 하늘이는 두돌 된 하나가 건드리자 사납게 달려듭니다. 사람은 본능적인 자기방어기제가 있습니다. 어떻게 적절히 대처하고 통제해야하는지는 훈련되어야 합니다. 17개월 주원이는 선생님이 하지 말라고 하면 손을 들어 때리려고 하고, 발길질을 합니다. 손과 발이 폭력의 도구가 됩니다. 5세 주희는 언니와 싸우지 않게 해 달라고 기도하고 기도를 마치자마자 싸움을 합니다. 감사 헌금을 드리는데 감사 내용이 "이번 주에 언니와 덜 싸운 것을 감사 한다"는 내용 이었습니다. 6세 은경이는 피아노 선생님이 레슨 받은 곡을 10번 치라는 숙제를 받고서 한 두 번 연습하고는 학습 진도 카드에 있는 열 개의 동그라미표에 색칠을 해서 제출합니다. 십계명 교육은 일찍이 서둘러야 하는 과업입니다.

40. 영혼 양육

"보라 네 문안하는 소리가 내 귀에 들릴 때에 아이가 내 복중에서 기쁨으로 뛰놀았도다"(눅 1:44)

학계에서는 영유아의 신앙 발달에 대해 어떤 연구가 진행되었을까요? 코메니우스는, 사람의 마음속에 신앙의 뿌리가 내리게 하려면 그가 어린 동안에 신앙을 접목해야 한다고 했습니다.

1970년대에 신앙 발달 이론을 정리한 제임스 파울러(James Fowler)에 의하면 3세 이전은 미분화된 신앙 즉, 신앙 발달의 기초를 형성하는 시기라고 합니다. 이때는 양육자의 신뢰와 사랑, 이야기와 행동, 그리고 신앙의 본보기를 통해 매우 강력하고도 영속적인 영향을 받는다고 합니다. 그는 2살에서 6~7살 어린이를 직관적 신앙의 단계(intuitive-projective faith stage)로 보고 느낌들에 의해서 주도되는 단계라고 했습니다. 교육자들은 영유아의 신앙 발달에는 양육자와 환경의 영향이 중요하다고 주장합니다.

그런데 성경은 하나님의 은혜에 달려있다고 말합니다. 아기에게는 믿음의 환경(눅 2:22~34 참조) 못지않게 하나님의 은혜가 필요합니다. 따라서 신앙은 다른 발달처럼 순차적이거나 직선적으로 이루어지지 않습니다. 신앙과 회심은 어느날 갑자기 찾아올 수도 있습니다. 하나님의 임재에 달려 있기 때문입니다. 특히 어린이는 천부적으로 놀라운 감수성과 순수한 믿음을 가지고 있기에 얼마든지 가능한 일입니다(마 21:16, 시 8:2). 아기가 예수님을 만나면 "성령 충만"이 가능합니다(눅 1:15, 41, 44 참고).

♥ 스케치(sketch)

부모님은 다음의 다섯 가지 주의 사항을 지켜 주세요.

첫째, 성경책 위에 물건을 올려놓지 마세요.

둘째, 성경책을 옮길 때에는 떨어뜨리지 않도록 두 손으로 받쳐 드세요.

셋째, 성경책을 넘길 때 찢어지지 않도록 하세요.

넷째, 성경책에 메모나 낙서를 하지 마세요.

다섯째, 성경책을 실수로 바닥에 떨어뜨렸을 경우에는 얼른 주워서 손으로 먼지를 털고 입을 맞추세요.

파울러의 미분화와 선이미지 신앙이론

5살 은지는 엄마가 울며 기도 하니까 따라 울면서 "주여, 주여"하며 흉내를 냅니다. 그러다가 갑자기"엄마, 그런데 하나님이 어딨어?" 라며 묻더랍니다. 은지는 '존재'에 대한 질문을 하는 것입니다. 모방을 통해서 그는 지금 종교적 신념을 체득하고 있습니다. 기도하는 동안 뭔가 가정이 변화되고 엄마의 얼굴이 환하게 밝아 졌다면 은지는 하나님을 고마운 분이라고 인지 할 것입니다. 엄마가 "우리 은지의 기도를 하나님이 들어 주셨다"고 말할 때, 은지는 자신이 찾고자 한 존재자를 의식하고 믿음을 소유하게 될 것입니다. 이것이 파울러가 말하고자 하는 하나님에 관한 선(先) 이미지입니다.

파울러의 직관적–투사적 신앙이론

'뽀뽀뽀 하나님' 이라는 성경 교재로 4세 유아들이 성경을 공부할 때 입니다. 아이들은 '하나님이 우리를 지켜 주셔요' 라는 주제를 배우고 있었습니다.

　잠이 든 4살 이영이를 사택에 혼자 두고 부모가 외출 하면서 교회 사무실 직원에게 부탁을 하였습니다. 직원은 까맣게 잊고 있다가 저녁 무렵에서야 생각이 나서 부랴 부랴 사택에 올라가보니 아이가 깨어서 혼자 놀고 있더랍니다. “이영아, 언니하고 교회가자” 라고 했더니 집을 봐야 한다며 고개를 가로 젓는 것입니다. “너 혼자 집 지키다가 도둑이 들어오면 어쩌려구?”라고 했더니 “뽀뽀뽀 하나님이 지켜 주시는데 뭐가 무서워, 난 안 무서워” 라며 전혀 겁을 내지 않더랍니다.

　파울러는 3-7세에 일어나는 직관적-투사적 단계의 신앙은 자기가 경험한 것과 지각한 것이 유일한 관점이라고 믿으며 아무 의심 없이 받아들인다고 말합니다.

총정리

하나, 영아란 어떤 존재입니까?

1. 태어나서 생후 24개월까지의 아기를 말합니다(발달).

2. 기독교 공동체의 일원으로 하나님의 언약 안에 있습니다
   (유아세례).

3. 하나님의 형상으로 창조된 영적존재입니다(거룩).

4. 영과 육이 철저히 부패한 죄인입니다(죄성).

5. 잠깐 동안 천사보다 조금 못한 존재입니다(문화명령의
   위임).

6. 세상의 주인이신 하나님께서 결혼한 부부에게 주신 유일
   하고 특별한 기업입니다(하나님의 선물).

7. 옥토와 같아서 심은 대로 거둡니다.

둘, 영아 교육이 왜 중요합니까?

1. 영아기는 각인(imprinting)의 시기입니다(교육).

2. 발달이 결정되는 결정적(critical)시기입니다(뇌발달).

3. 심상에 새기는 인상적(impressive)시기입니다(기억).

4. 교정이 가장 쉬운 시기이기 때문입니다.

셋, 영아에게 신앙교육이 왜 중요합니까?

1. 죄를 상속받은 영아는 예수 그리스도의 은혜로 거듭나야
   합니다(구원).

2. 자유의지를 지닌 영아는 말씀으로 훈련받아야 합니다
   (신앙교육).

넷, 교회에는 왜 영아부가 설립되어야 합니까?

1. 세상교육은 인성과 영성을 고려하지 않습니다(사회 문화).
   아기 신앙교육을 하는 유일한 기관은 세상에서 이제 교회
   의 영아부 뿐입니다.

2. 영아를 교육하는 것은 하나님의 명령에 순종하는 것입니다
   (마 18:요 21:15).

다섯, 영아부에서 부모교육이 왜 중요합니까?

1. 모방기의 영아에게는 생활 모델이 필요합니다.

2. 성경이 제시한 교육 명령의 순서를 따르는 것입니다
   (시 84:3, 신 6:4~9, 요 21:15).

3. 세례의 보증인으로서 보증에 실패하지 않으려면 부모가
   배워야 합니다.

여섯, 영아부란 어떤 곳입니까?

1. 임신부터 생후 4세까지의 아동과 부모가 모인 대가족

2. 예수의 몸 된 교회의 세포를 생산하는 발전소

3. 다음 세대의 희망본부

4. 좋은 물고기를 기르는 황금 어장

5. 가정 사역의 중추적 역할

6. 믿게 해서 낳는 영적 산부인과

7. 삶의 표본실

8. 교회 학교로 흘러가는 강줄기의 원천

9. 세례에 의한 천국 회원

10. 교회의 알곡을 부흥시키는 방앗간

일곱, 영아가 배워야 할 가장 중요한 교과가 무엇입니까?

1. 먹고 자는 것이 과업인 영아에게는 바른 식습관, 수면습관, 신앙생활 습관교육(십계명), 이 세 가지를 해야 합니다.

2. 이 세상에 나오면 세상을 어떻게 사는 것이 안전한지를 배워야 합니다. 십계명은 안전벨트와 같습니다. 구원받은 자녀는 하나님을 어떻게 경외하고 사람을 사랑해야하는지 를 배워야하는데 이것이 십계명(Two Do, Eight No, List) 에 들어 있습니다(구원, 하나님, 사람).

여덟, 영아를 어떻게 가르쳐야 합니까?(방법)

1. 한 가지 원리를 감각자극으로 반복해 주어서 지혜가 자라게 해야 합니다(반복). 부모가 배워야 가정에서 복습시켜줄 수 있습니다(부모우선교육).
2. 생활 속에서 보고 듣는 것이 심상에 남습니다(생활).

아홉, 영아에게 가장 중요한 것이 무엇입니까?

1. 건강한 신체 발육과 정서적 안정입니다.
2. 하나님의 은혜와 돌보는 사람들의 관심입니다(사랑받는 시기).

열, 부모의 책임은 어디까지입니까?

자녀가 20세가 될 때 까지 신앙, 수명(건강), 지혜를 연마하는 학업을 후원하고, 혼기를 놓치지 않게 결혼을 주선하여 가정을 이룰 때 까지입니다(신앙, 건강, 학업, 직업, 결혼).

에필로그

　영아부 부모님들은 하루를 종종 걸음으로 삽니다. 결혼 전의 그 멋진 자화상은 온데 간데 없어지고 늘 수면 부족으로 멍할 때가 있지요. 가끔은 "언제까지 이렇게 아이에게 휘둘려야 하지?"라고 한탄 하실지 모릅니다만 이것도 잠간이에요. 지나가는 시간일 뿐입니다. 이 모든 수고가 헛되지 않음을 아이들이 보여줍니다. 어느 날 부쩍 자란 아이들이 우리 곁에 있는 것입니다. 그리고 출산과 영적 수유의 노련한 실력자들이 되셨다는 사실입니다. 이런 면에서 저는 영아부 부모님들께 존경과 경외를 표하지 않을 수 없습니다. 주일 아침이면 제일먼저 교회로 달려가던 때가 저에게는 있었답니다. 집에서 쉬고 싶은 유혹을 뿌리치고 아기를 들쳐 업고 부지런히 교회로 발걸음을 향하실 여러분을 생각하면서 말이지요.

　우주 탐험자들이 미지의 땅에 조심스럽게 첫 발을 내딛듯이 일주일에 한번 영아부에 나들이 온 아기들은 마치 지구라는 아름다운 별 탐험자들처럼 호기심으로 가득 차 있습니다. 아기들은 그 작은 발로 '아장 아장' 걸어서 교회 뜰을 밟을 때의 설레임은 어떤 느낌이었을까요? 저는 아기들이 돌아가고 난 영아부실에 남아서 가끔 이런 생각을 해 보곤 했답니다. 영아부는 하나님께서 지구 별에 두신 '아기들의 별장' 이라고요. 영아부는 엄마 손을 잡고 나들이 나온 아기들에 게는 마치 별장과 같은 곳입니다. 축복과 지혜가 별처럼 쏟아지는 별장이라고 말입니다.

이 책으로 자녀와 즐거운 시간을 가지셨습니까? 영아부 사역에 보람이 있었나요? 자녀는 부모가 가르쳐야 한다는 주장에 마음이 무겁지는 않으셨는지요? 인간의 직업이 다양해진 산업사회에서는 부모가 자녀 양육에 매달릴 여유나 충분한 지식을 갖추기 힘든 것이 사실입니다. 그래서! 영아부 라는 현명한 제도가 생겨난 것입니다. 가정, 교회, 국가의 미래가 영아부와 엄마들의 손에 달려 있습니다!

세상을 이제 막 배우기 시작한 영유아들에게 하나님의 말씀을 가르칠 수 있는 사람은 어머니와 그들을 체계 있게 훈련시키는 영아부 라는 점입니다. 교회가 영유아 사역에 관심을 가져야 할 이유는 교육학의 영향도 있지만 무엇보다도 어린 아이들을 주의 자녀로 기르는 일이요, 기독교 미래 세대가 여기에 달렸기 때문입니다.

영아부 스케치하기

출산과 영적 수유실

영아부는 말씀의 신령한 젖을 먹이는 영적 수유실입니다. 무엇보다도 복되신 하나님의 명령에 겸손히 순종하여 출산 활동이 왕성하게 일어나는 산실입니다. 왜냐하면 모두들 창 1:28의 출산 붐에 편승하니까요. 그러므로 담대해 지십시오. 부모는 미래세대의 창조자라는 점으로 용기를 내십시오. 출산을 격려 받으며 양육을 책임지는 영아부는 세계가 앉고 있는 저 출산 문제 해결의 실마리가 또한 될 것입니다. 세계와 국가와 교회의 운명이 출산의 산실 영아부에 달렸습니다.

여호와의 들판에 심겨진 귀리

교회학교가 '여호와의 들판'이라면 그 중에 영아부는 마치 밭 가장자리에 심긴 귀리와 같습니다. 귀리는 밭을 보호하는 울타리가 됩니다(사 28:25~26, 삼위일체 육아법 38쪽 참고).

황금양어장의 신선도를 유지하는 특수보관실

물고기를 위해서 양어장을 만들고, 과일나무를 위해서 과수원을 만드는 것처럼 아기들을 위해서는 영아부가 세워져야 합니다. 영아부를 어장에 비유하자면 좋은 물고기를 기르는 곳입니다. 아기와 부모라는 살진 물고기들이 자랄 뿐만 아니라 이들이 곧 다른 물고기를 잡는 어부가 될 수 있습니다. 갓 잡은 물고기와도 같은 아기들의 영적 신선도를 유지하기 위해서라도 특수 보관실이 필요합니다. 그곳이 바로 영아부입니다.

축복의 브라가 골짜기

사단의 영채가 힌놈의 골짜기였다면 부모와 아기가 함께 배우는 영아부는 축복의 영채입니다. 브라가 골짜기입니다(대하 20:26 참고). 주께서 강적을 패배시키실 때 부모와 어린이를 동원하시는 것이 그분의 전술이라는 것을 여러분은 이미 아십니다(시 8:2, 마 21:15, 대하 20:13 참고).

교육

유전 공학의 발달로 인간의 두뇌 혁명이 일어나고 과학적인 증명이 현실화 되면서 세상은 아기들을 새롭게 이해하기 시작했습니다. 인간의 가능성을 놓고 "21C가 되면 일곱 살 유아가 노벨상을 받을 날이 올 것이다"라고 말한 엘빈 토플러의 말을 농담이라고 여기는 사람은 없을 것입니다. 출생 후 24개월이라는 기간은 인간의 모든 기능이나 사고 과정을 위한 발달 과업이 가장 복잡하고 빠른 변화가 일어나는 시기입니다. 이 시기에 뇌는 자극을 받을수록, 활동을 많이 할수록, 영양이 좋을수록 잘 발달합니다. 영아부는 영의 교육을 통해서 아기들의 잠재 능력을 최대한 발전시키는 훈련장입니다.

뇌 과학

아기가 태어날 당시 약 140억 정도의 신경세포를 가지고 태어납니다. 태어나기 전에 이미 이 엄청난 수의 신경 세포가 완성된 것입니다. 생후 1년쯤 되면 어른 뇌의 60% 쯤 발달하고, 2년이 되면 70%, 3년째가 되면 약 80%, 6세가 되면 어른의 90% 정도가 됩니다. 드보라 홈즈(Deborah Lott Holmes)라고 하는 유아발달연구가는 뇌세포 분열은 생후 6개월이 되면 완전히 분화되어 더 이상의 세포는 생성되지 않는다고 말했습니다. 이러한 연구들에 의해서 교육은 0세~3세까지라든지, 3세 부터는 이미 절반은 놓쳤다든지, 5세에 완성된다는 말을 하게 된 것입니다.

＊삼위일체육아법 19, 54쪽을 참고하십시오.

사회 문화면

세계 아동교육을 정의한 UN의 어린이 헌장 제 10조는 "어린이에게 종교를 강요해서도 안 되며 부모의 종교를 자녀에게 가르칠 권리가 없다"는 내용으로 신 다윈주의의 진화론과 인본주의 철학에 의존하고 있습니다. 이러한 취지를 따르는 우리나라 교육은 교회와 정부의 분리 정책을 택하고 있으므로 국공립학교는 물론 사립에서의 종교 교육조차도 허용되지 않고 있습니다. 영아부는 부모를 통해서 기독교신앙을 자녀에게 서둘러서 가르칠 수 있는 유일한 장입니다.

영아부의 중요성

영아부의 복음적 효율성에 관해 강조한 사람은 교육자 웰치(Welch)입니다. 그는 미래 교회의 성장 비결을 다음과 같이 언급했습니다. "교회 성장의 35~65%는 영아부, 한 부서에 달려 있다. 왜냐하면 가정에서 어린이들이 가장 중요한 위치에 놓여있고 부모들이 교육에 가장 큰 열의를 쏟기 때문이다." 라고 했습니다.

교회학교교육 전문가인 소더홀름(Marjorie E. Soderholm)은 "영아부의 신앙 교육이 중요한 것은 어린이의 미래의 삶을 결정할 뿐 아니라 교회의 미래를 결정하는 중대한 역할을 하기 때문"이라고 말했습니다.

"영아기 교육을 무시하는 것은 마치 뜨개질에서 코를 빠뜨리고 떠가는 것과 같다." - 버니스 코리(Bernice. T.Cory)

"유아기가 미래 생활의 결정적 요소들을 형성한다. 학령전기를 위한 교회 교육이 가장 중요하다." - 웨스터호프3세(J.H.WesterHoff)

"아기의 나이가 2-3세가 되면 등록을 받아야지" 하며 그때까지 필사적으로 기다리는 교회는 비록 그 아기의 부모가 그 교회 성도라 할지라도 결코 그 어린이를 만날 수 없을 것이다.

"선교는 영아기 때부터 해야 한다! 만약 취학 전 연령의 어린이 교육을 견고하게 다져 놓기만 한다면 후일 그릇된 개념을 해체하거나 재건하는 일은 하지 않아도 될 것이다." - 조이스 깁슨(Joyce L. Gibson)

"영아부는 축복과 새롭게 함이 지속적으로 아이에게 일어나고 그 역동성이 계속적으로 다른 주일학교에 흘러들어 가도록 하는 강줄기의 원천이다." - 매티 레드우드(Mattie C. Leatherwood)

"어떠한 교과 과정이든 어떠한 형태든 그 기초를 어떠한 연령의 어린이에게게도 가르칠 수 있다" - 제롬 부르너(Jeromes Bruner)

“영아부란 명단에 적힌 애기들에게 간식을 먹이고 그 부모가 찾으러 올 때까지 데리고 놀아주는 형태로 교회에 존재하는 것이 아니다. 영아부는 축복과 새롭게 함이 지속적으로 아이에게 일어나고 그 역동성이 계속적으로 다른 주일학교에 흘러들어 가도록 하는 강줄기의 원천”이다. – 매티 레드우드 (Mattie C.Leatherwood)

“주일학교 영아부를 통해서 어머니와 아버지 및 아이를 양육하고 이 영향을 통해서 기독교적 분위기를 그 가정에서 조성될 수 있도록 하려는 것이다” – 제씨 E. 무어(Jessie E. Moore)

이제 여러분의 대답을 듣기 원합니다. 여러분은 영아부와 부모를 어떻게 정의하고 싶습니까? 여러분의 생각을 적어보십시오.

영아부란?

부모란?

왜, 아기가 천재적 소질을 가진 사람으로 자라기를 원하십니까?

목회자, 교사, 부모, 아기가 한 팀이 되어 생명을 살리는 영아부가 되기를 바라며 두 번째 책인 2권에서 다시 뵙겠습니다.

이영희 드림